Impressum

Text: Lea Beiermann, Kathinka Engels, Lisa Großkopf, Katrin Koster, Steven Sander
Satz & Lektorat: rap verlag
Grafik: www.gudrunbarthdesign.com
Druck und Weiterverarbeitung: oeding print GmbH, Braunschweig

RECYCLED
Papier aus Recyclingmaterial
FSC® C118370

ISBN: 978-3-942733-26-7

1. Auflage 2014

Kontakt: kontakt@rap-verlag.de

ENDLICH DÜSSELDORF!

Dein Stadtführer

Düsseldorf ... endlich!

Hauptstadt NRWs, Rheinmetropole, Schickimicki-Stadt, Herberge von Bank & Börse, dem Flughafen, Heinrich Heine, Heino und den Toten Hosen, Altbierhochburg, Zuhause vieler Japaner und endlich auch deine neue Heimat!

... aber schon gehen die Probleme los: Du liest unzählige Wohnungsanzeigen, weißt aber nicht, in welchem Stadtteil du schön, naturnah, günstig, studentisch oder besonders exklusiv wohnen kannst. Du möchtest am Wochenende mal so richtig im Nachtleben schwelgen, landest aber – du wusstest es nicht besser – beim gemächlichen Tuba-Abend. Du hast vergessen, für den Sonntag einzukaufen und keine Ahnung, wo du jetzt noch was zu essen herbekommst. Das sind nur einige klassische Hürden, die eine neue Stadt so mit sich bringt.

Meist dauert es eine halbe Ewigkeit, bis man sich richtig gut auskennt und bis dahin muss man so einiges über sich ergehen lassen. Aber jetzt ist Schluss damit: Dieses Buch soll dir eben diese Jahre voller Selbstversuche, Entgleisungen und Kompromisse ersparen und dir helfen, dich in deiner Stadt von Anfang an zu Hause zu fühlen. Essen, Trinken, Feiern und Genießen, Freizeit, Kultur, Spaß und einfach Leben – genau darum geht es in

ENDLICH DÜSSELDORF!

Damit du das alles so richtig auskosten kannst, sind unsere Autorinnen und Autoren durch die ganze Stadt gestreift – immer auf der Suche nach den schönsten Ecken, den besten Leckerbissen, den ausgefallensten Kuriositäten und dem besonderen Etwas in Düsseldorf. Sie haben viele, viele Kilometer zu Fuß, mit dem Fahrrad, den Öffentlichen oder dem Auto zurückgelegt, Klemmbrett und Kamera in der Hand, haben Notizen gemacht, Fotos geschossen und dabei Regen und Wind getrotzt. Das alles hat sich aber wirklich gelohnt, denn heute hältst du tatsächlich dieses Buch in deinen Händen.

Es ist vorläufig fertig, soll sich aber als dein persönlicher Ratgeber und Begleiter immer wieder verändern und weiterentwickeln. Das Tolle ist also, du darfst – ja sollst sogar – in diesem Buch herummalen, Kommentare an den Rand schreiben, Sachen durchstreichen, markieren und aktualisieren und ihm deine persönliche Note verleihen (Natürlich nur, wenn es dir auch gehört, nicht, wenn du es gerade im Buchladen anschaust). Um dir die Hemmungen zu nehmen, haben wir selbst schon einmal angefangen mit kritzeln, malen und markieren ...

Wir wünschen dir viel Spaß!

Dein rap verlag

Häus
zu Hause
zu Hause
zu Hause
endl

Wo
Wo wohnst Du?
Wo wohnst Du?
Wo
Gartenzaun
Heimat
wohnen
schön
zu Hause
gemütlich
endlich
Gartenzaun
Gartenzaun
schön
hen
Häuschen
Nachbar
Nachbar
gemütlich
Wohnung
Park
hnung
Wohnung
zu Hause
Heimat
Häuschen
schön
endlich

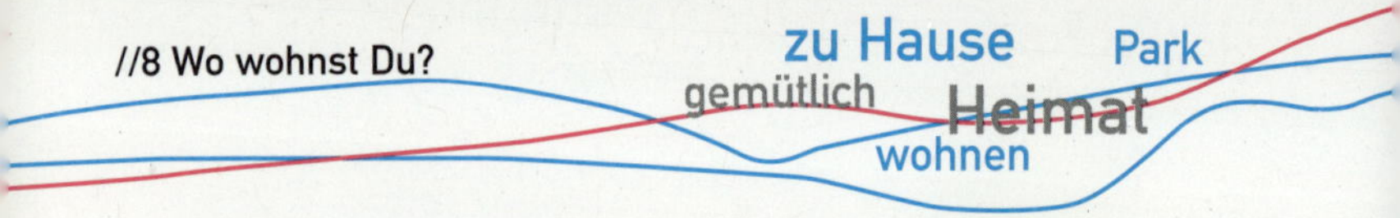

Bedienungsanleitung

Immer wieder landet Düsseldorf in Städterankings unter den Top 5 der lebenswertesten Städte Deutschlands. Ja, hier lebt es sich wirklich gut. Voraussetzung dafür ist natürlich, einen Ort zum Bleiben zu finden. Und die Wohnungssuche in Düsseldorf ist leider eine echte Herausforderung. Das Stichwort lautet „Gentrifizierung": Nicht nur die ohnehin hohen Mieten und Grundstückspreise steigen, sondern auch ehemals günstige Wohnungen in Industriegebieten werden hipper und teurer. Wohnungsbesichtigungen sind oft Massenveranstaltungen, bei denen sich ein ganzes Rudel Menschen durch die Räume schiebt. Nur gut, dass man im Rheinland so gern schunkelt.

Die Wohnungssuche wird natürlich einfacher, wenn man weiß, wo man suchen muss (und wo man überhaupt wohnen will). Die Stadtteile sind – wie wohl überall – sehr unterschiedlich. Von hippen Szenevierteln bis zu dünn besiedelten Düsseldörfern ist alles dabei und du wirst sicher erst nach Jahren in deiner neuen Wahlheimat den kompletten Überblick haben. Um dir die Wohnungssuche zu erleichtern, präsentieren wir dir die Stadtteile im Überblick – kurz und knapp, aber mit reichlich Lebensgefühl. Noch kürzer und knapper fassen sich die gelben Infoboxen. Hier gibt's den Überblick im Überblick, sozusagen.

Miethöhe: In Düsseldorf schwanken die Mieten zwischen „sehr teuer", „teuer" und „nicht ganz so teuer". Eine große Hilfe ist diese Angabe also vielleicht nicht, aber eine kleine.

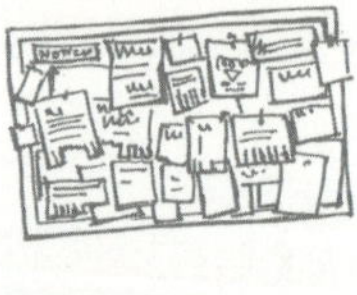

Hochhausfaktor: Hochhäuser können in Düsseldorf sowohl Plattenbauten als auch Bürotürme sein. Prägend fürs Stadtbild sind sie aber so oder so.

Einwohnerdichte*: In manchen Stadtteilen kannst du deinen Nachbarn in die Wohnung gucken, in anderen den Kühen auf der Wiese zuschauen.

Grünflächen*: Düsseldorf ist vor allem in den Stadtteilen der Peripherie sehr grün. Innerstädtisch schwankt der Grünflächenfaktor aber stark.

Kneipendichte: Ein Feierabendbier bekommst du sicher auch im letzten Düsseldörfchen. In manchen Stadtteilen aber eben leichter als in anderen.

Distanz zum Schlossturm: Der Schlossturm am Burgplatz markiert das Zentrum der Innenstadt, dient als Orientierung und Treffpunkt, und hat es schon in ein Karnevalslied geschafft. Hier siehst du also gleich, wie weit ein Stadtteil vom Zentrum entfernt ist.

Oft stolpert man irgendwann über einen tollen Aussichtspunkt, eine nette Eckkneipe oder einen kleinen Park. Damit du dich aber nicht auf den Zufall verlassen musst, präsentieren wir dir mindestens einen besonderen Platz pro Stadtteil. Und der Stadtteilrekord schließlich zeigt dir, wofür der jeweilige Stadtteil bekannt, berühmt oder berüchtigt ist.

* Die Angaben zu Einwohnerdichte und Grünflächen basieren auf den statistischen Daten der Landeshauptstadt Düsseldorf, Amt für Statistik und Wahlen. Die weiteren Angaben sind das Ergebnis intensiver eigener Recherchen. Alle Angaben daher ohne Gewähr ...

Stadtbezirk 1
(Altstadt, Carlstadt, Stadtmitte, Pempelfort, Derendorf, Golzheim)

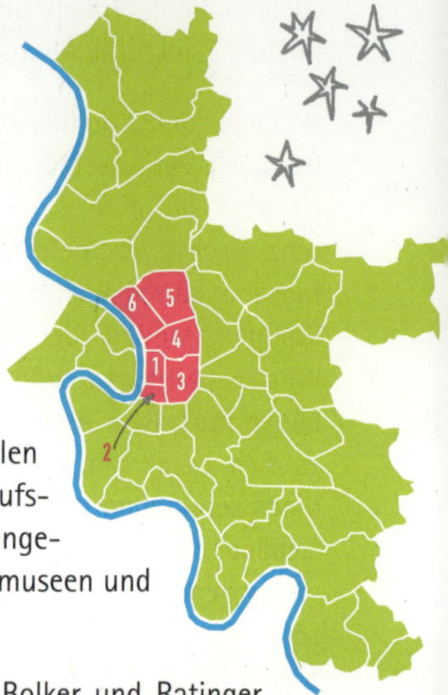

1 Die Altstadt

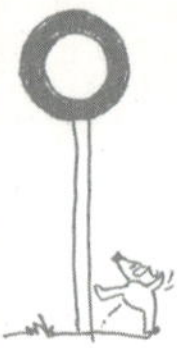

Spanier, Italiener oder Wok to go? Die Hose aus der Edelboutique oder das Kleid aus dem Laden gegenüber? Die Altstadt macht es einem nicht leicht. Im Stadtzentrum findest du nämlich den optimalen Mix aus Kultur, Gastronomie und Einkaufsmöglichkeiten; die im Altbierlied oft besungene „längste Theke der Welt" neben Kunstmuseen und Geschäften.

Hauptgeschäftsstraßen sind die Flinger, Bolker und Ratinger Straße. Die Flinger Straße bietet sich zum Shopping an, Bolker und Ratinger Straße zum Essen und Feiern. Allgegenwärtig sind außerdem die Junggesellenabschiede. Schon nachmittags um drei fallen Männer in Hasenkostümen in die Altstadt ein und quatschen Leute an. Lächeln, mitmachen – Widerstand ist meist zwecklos.

An sonnigen Tagen scheint die ganze Stadt die Rheinuferpromenade entlangzuflanieren. Die **Kasematten**, eine Reihe von Freiluft-Kneipen, sind dann gerammelt voll – Altbiergenuss mit Blick auf den Rhein ist eben kaum zu übertreffen. Beim Sonnenuntergang

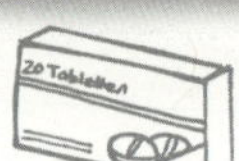

zücken alle ihr Handy und dokumentieren, wie die rote Sonne im Rhein versinkt. Die Altstadt ist dann beinahe Capri.

Wohnen kannst du hier natürlich auch. Voraussetzung dafür ist aber absolute Lärmresistenz. Nachts wird gefeiert und tagsüber häufig auch, denn die Kneipen stellen bei gutem Wetter Stehtische und Bierbänke raus. Rein optisch lässt es sich in der Altstadt allerdings sehr schön wohnen: Die Gebäude, die nach dem Krieg weitgehend zerstört waren, wurden originalgetreu und mit historischen Fassaden wieder aufgebaut. Heute beherbergen sie vor allem Single-Haushalte.

Über die Anbindung der Altstadt muss man kaum reden – Topverbindungen in jede Richtung.

Der besondere Platz

Ein nettes Fleckchen zum Sitzen sind die **Rheintreppen**. Blick auf den Rhein, Schlossturm im Rücken – hier ist man mittendrin. Oft kommt man mit den Leuten ins Gespräch, mit denen man sich eine Stufe teilt. Ein paar Schritte rheinaufwärts liegt das **KIT** (Kunst im Tunnel), das Kunst unter der Erde präsentiert. Die

INFOBOX

Miethöhe:

Hochhausfaktor:

Einwohnerdichte:

Grünfläche:

Distanz zum Schlossturm: **0 km**

Kneipendichte:

Wechselausstellungen sind meist einen Besuch wert, die Location ist es sowieso. www.kunst-im-tunnel.de

2 Carlstadt

Der **Markt am Carlsplatz** bildet den absoluten Mittelpunkt der Carlstadt. Die Stände sind überdacht und jeden Tag geöffnet, der Markt ist also schon eine Art Ladenzeile. Es gibt Obst und Gemüse, Fleisch, Fisch, Brot, Blumen – wie sich das für einen Markt gehört. Allerdings findest du auch viele Fressbuden, in denen du unterschiedlichste Köstlichkeiten von rheinischen Reibekuchen bis hin zu französischen Eclairs probieren kannst.

Direkt um den Carlsplatz herum haben sich mehrere kleine Boutiquen etabliert. Generell gibt es in den Straßen der Carlstadt viele kleine, teure Kunsthandwerksläden, außerdem (Designer-)Schmuck und Antiquitäten. Auch die Gastronomie ist stark vertreten, aber insgesamt ist es hier deutlich ruhiger als in der Altstadt.

Die Bebauung stammt zum großen Teil noch aus dem 18. Jahrhundert. Viele Gebäude, darunter Bürgerhäuser und Stadtschlösser, stehen heute unter Denkmalschutz. Die Carlstadt ist außerdem einer der reichsten Stadtteile und zieht vor allem Ein-Personen-Yuppie-Haushalte und

gut betuchte Rentner an. Ziemlich grün (und nass) ist es durch die Seen mit angrenzendem Baumbestand: Schwanenspiegel, Spee's Graben und Kaiserteich.

Die Carlstadt verbindet also alle Vorteile der Altstadt mit einem ruhigeren Wohnumfeld und Grünflächen. Optimal – aber absolut nicht preiswert.

Der besondere Platz

Das **alte Hafenbecken** ist ein nettes Plätzchen zum Sitzen und Eis essen (letzteres gibt's im Durchgang zur Rheinpromenade). Toll sind auch die blumigen **Innenhöfe der Carlstädter Häuser**. Einfach mal drauf achten, ob nicht einer geöffnet ist.

INFOBOX

Miethöhe:

Hochhausfaktor:

Einwohnerdichte:

Grünfläche:

Distanz zum Schlossturm: 0,6 km

Kneipendichte:

3 Stadtmitte

Die Stadtmitte ist genau das: Die Mitte von allem, die Mischung aus allem und ein Stadtteil der Gegensätze. Die Stadtmitte beherbergt einerseits die edelsten Geschäfte der Stadt, andererseits das Japanische Viertel und die Bahnhofsgegend. Entsprechend unterschiedlich sind Klientel und – natürlich – auch die Mieten.

Die Luxuseinkaufsstraße Kö(nigsallee) bildet die Hauptachse des Stadtteils. Ein bisschen Ku'damm, ein bisschen Champs-Élysées, wenn auch deutlich kleiner. Edelmarkengeschäfte

reihen sich aneinander und werden von Türstehern mit Wrestlerqualitäten bewacht.

Seit vergangenem Jahr geht der Glamour im neu errichteten **Kö-Bogen** weiter. Der beherbergt nämlich das Luxuskaufhaus Breuninger und andere piekfeine Läden. Geplant ist außerdem eine gläserne Markthalle gleich nebenan. Whoa.

INFOBOX

Miethöhe:

Hochhausfaktor:

Einwohnerdichte:

Grünfläche:

Distanz zum Schlossturm: 1,1 km

Kneipendichte:

Stadtmitte bedeutet außerdem „Klein-Japan": Immermannstraße und Umgebung sind der Dreh- und Angelpunkt der größten Japan-Diaspora in Deutschland. Hier findest du Asia-Läden, in denen du Lebensmittel bekommst oder dir deinen eigenen Kimono schneidern lassen kannst.

Wohnen lässt es sich in der Stadtmitte sehr unterschiedlich. Von luxuriös bis etwas günstiger (weil bahnhofsnah) ist alles dabei. Viele der Gebäude sind einschüchternde Monumentalbauten, teils aus dem 19. Jahrhundert. Die Reihenhäuser dazwischen haben sich optisch und größentechnisch weitgehend angepasst. Und die Anbindung? Die ist natürlich top – Stadtmitte halt!

Der besondere Platz

Wahrscheinlich kann keiner so genau sagen, was das **Toykio** (Immermannstr. 18) eigentlich ist. Fest steht: Es ist japanisch, bunt, glitzert und man muss es einfach lieben. Ein bisschen Kunstgalerie, ein bisschen Spielzeugladen und frühstücken kannst du hier auch. www.toykio.de

4 Pempelfort

STADTTEILREKORD: GRÖßTE EINKAUFSSTRAßE AUßERHALB DER INNENSTADT

Das Pempelforter Leben findet vor allem auf der Nordstraße statt. Kein Wunder, denn dabei handelt es sich um die größte Einkaufsstraße außerhalb des Stadtzentrums. Manch einer geht sogar lieber hier einkaufen als in der Innenstadt, denn auf der Nordstraße findet man hin und wieder auch ungewöhnliche, individuelle und kleine Läden. Während die Filialisierung die Innenstadt schon fest in der Hand hat, muss sie hier – zum Glück – noch ein wenig kämpfen.

INFOBOX

Miethöhe:

Hochhausfaktor:

Einwohnerdichte:

Grünfläche:

Distanz zum Schlossturm: 2,2 km

Kneipendichte:

Das **Pempelforter Kulturzentrum Ehrenhof** ist das kulturelle Pendant zur Nordstraße. Es bildet mit dem **Museum Kunstpalast** und **NRW-Forum** die wichtigste Ergänzung zu den innerstädtischen Museen. Im NRW-Forum gibt es Fotografie und Medienkunst zu bestaunen, das Museum

Kunstpalast bietet einen Längsschnitt durch die Kunst von Mittelalter bis Gegenwart. s. „Kultur und so", S. 222

Pempelfort ist ein urbaner, kreativer, junger Stadtteil und liegt eindeutig im Trend. Das bedeutet natürlich auch: steigende Mieten. Die Bebauung ist sehr gemischt – von Gründerzeithäusern bis zu stylischen Neubauten findest du hier alles. Im östlichen Teil wohnt man noch relativ günstig, doch das im Bau befindliche, angrenzende **Quartier Central** wird die Mieten wohl auch hier in die Höhe treiben. Dementsprechend sind die Einwohner Pempelforts tendenziell Gutverdiener oder Businessleute, die von außerhalb kommen und nur zeitweise für ihr Unternehmen in der Stadt arbeiten.

Der besondere Platz

Suli's (Tußmannstr. 5) ist der Pempelforter Szenetreffpunkt. Das Publikum ist genauso bunt gemischt wie das Kuchenangebot. Nur in einem sind sich alle einig – Suli's ist eines der gemütlichsten Cafés der Stadt (und macht gute Flammkuchen).

5 Derendorf

Derendorf trifft das schwere Schicksal, ständig mit Pempelfort verwechselt zu werden. Im Grunde ist es das Bielefeld Düsseldorfs. Keiner kann so genau sagen, wo nun Derendorf anfängt und aufhört. Es ist auch wirklich kompliziert, denn der Güterbahnhof DERENDORF liegt in PEMPELFORT. Das ist wohl die Wurzel allen Irrtums. Viele verwirrte Düsseldorfer gehen so weit, die Nordstraße Derendorf zuzuordnen. Aber die gehört ja auch zu Pempelfort.

Derendorf, das ist vor allem ehemaliges Industriegebiet. Das sind viele türkische Einwohner und die Zentralmoschee der Stadt. Derendorf, das sind noch bezahlbare, aber steigende Mieten. Denn Derendorf ist „Schwellenland". Ein paar Kulturveranstaltungen im **Alten Schlachthof** gibt es schon, zukünftig wird es mit dem neu entstehenden **Quartier Central** wohl noch mehr Kultur geben.

Die klassischen Mietshäuser, die den Stadtteil dominieren, findest du im Quartier nicht, sondern moderne Wohnkomplexe, teils in bunten Farben. Das ehemalige Industriegebiet wird langsam, ganz langsam trendy. Gut angebunden ist es durch seinen S-Bahnhof schon lange.

Der besondere Platz

Der **Maurice-Ravel-Park** erstreckt sich über ehemaliges Güterbahnhofsgelände und verbindet Derendorf mit Pempelfort. Drei Themengärten bieten Gelegenheiten für die innere Einkehr oder Spiel und Bewegung.

INFOBOX

Miethöhe:

Hochhausfaktor:

Einwohnerdichte:

Grünfläche:

Distanz zum Schlossturm: 3,5 km

Kneipendichte:

zu Hause Park gemütlich Heimat wohnen

6 Golzheim

Golzheim klingt für Düsseldorfer Ohren schick und auch etwas ehrwürdig. In Golzheim ballen sich nämlich Ministerien und Konsulate, hier schalten und walten die diplomatischen Eminenzen der Stadt. Abgesehen davon ist Golzheim auch modisches Zentrum. Wenn Düsseldorf Modestadt ist, dann hier. Viele Showrooms liegen in Golzheim, die meisten an der Kaiserswerther Straße.

Golzheim hat kein eigenes Zentrum, ist aber gut mit den umliegenden Stadtteilen vernetzt. Für den täglichen Einkauf besucht man die Pempelforter Nordstraße und auch bis in die Innenstadt ist es nicht weit.

Unter den Golzheimern gibt es natürlich ein paar Diplomaten und auch viele Geschäftsleute. In Single- oder Zwei-Personen-Haushalten bevölkern sie die Altbauten und Villen des Stadtteils. Kleinfamilien findest du hier auch, deren Kinder sicher schon in der Wiege Markenstrampler tragen. Aber auch der **Hauptcampus der Fachhochschule** befindet sich

INFOBOX

Miethöhe:

Hochhausfaktor:

Einwohnerdichte:

Grünfläche:

Distanz zum Schlossturm: 2,1 km

Kneipendichte:

in Golzheim. So wird die Business Class also zum Glück um ein paar junge Wilde ergänzt.

Golzheim liegt am Rhein, ist gleichzeitig zentrumsnah und obendrauf noch recht grün. Du ahnst, was das bedeutet: Golzheim ist fein, ein bisschen renommiert und – teuer.

Der besondere Platz

Der **Rheinpark Golzheim** – das sind zweieinhalb Kilometer grünes Rheinufer. Der ideale Ort zum Picknicken, Grillen und In-der-Sonne-liegen.

Stadtbezirk 2
(Flingern-Nord, Flingern-Süd, Düsseltal)

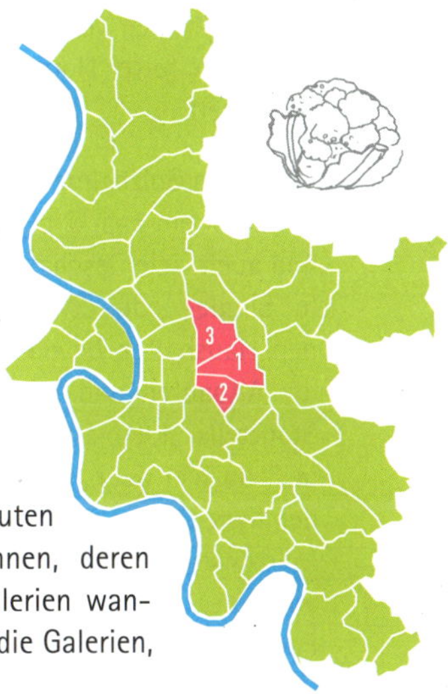

1 Flingern-Nord

Hip, hipper, Flingern: Die Düsseldorfer Avantgarde hat sich den Flingerer Stadtteil als den ihren auserkoren. Hier tummelt sich die Künstlerszene zwischen Ökoläden, Secondhandshops und Veggie-Restaurants.

In den Hinterhöfen und Kellern der Altbauten arbeiten KünstlerInnen und DesignerInnen, deren Kunstwerke später in die Läden und Galerien wandern. Für die Aktion Kunstpunkte öffnen die Galerien,

HÖCHSTE KÜNSTLERDICHTE

INFOBOX

Miethöhe:
Hochhausfaktor:
Einwohnerdichte:
Grünfläche:
Distanz zum Schlossturm: 5,0 km
Kneipendichte:

Ateliers und Hinterhöfe einmal im Jahr ihre Pforten und ermöglichen kunstaffinen BesucherInnen einen Blick in die Künstlerwerkstatt. Bei Wein und Salzstangen kann man dann mit der Avantgarde klönen oder der musikalischen Untermalung einer Indie-Band lauschen.

Der besondere Platz

Der **Hermannplatz** liegt im Zentrum Flingerns und ist damit ein guter Startpunkt für Erkundungstouren in alle Richtungen. Samstags ist hier Markt, und zwar einer der schönsten Wochenmärkte der Stadt.

2 Flingern-Süd

Die Bahnlinie Düsseldorf-Wuppertal trennt den Flingerner Norden vom Süden. Vor allem der nördliche Teil Flingerns ist ein kulturelles Herzstück der Stadt, aber auch in Flingern-Süd ist die alternative

Szene mit dem soziokulturellen Zentrum **zakk** stark vertreten. Die bunt bemalte Häuserfront in der Kiefernstraße zeugt noch von den Hausbesetzungen während der 80er Jahre. Heute ist vom Rebellentum nicht mehr viel zu spüren, doch im zakk finden immerhin noch regelmäßig politische Diskussionen statt.

Im südlichen Flingern wohnen viele (Groß-)Familien – oft Zugezogene aus dem südlichen und östlichen Europa. Der Altersdurchschnitt ist recht niedrig, die Arbeitslosenquote leider hoch.

INFOBOX

Miethöhe:

Hochhausfaktor:

Einwohnerdichte:

Grünfläche:

Distanz zum Schlossturm: 4,3 km

Kneipendichte:

Der besondere Platz

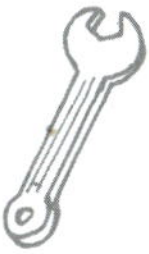

Die **Düsseldorfer Automeile** (Höher Weg) ist eine Art Dauermesse für Autohersteller. Die Autohäuser reihen sich hier scheinbar endlos aneinander – selbst für Menschen ohne Führerschein irgendwie beeindruckend.

3 Düsseltal

Wenn Düsseldorfer vom „Zoo" reden, meinen sie damit eher nicht Elefantenbabys und Tigerfütterung. „Zooviertel" bezeichnet in Düsseldorf den Stadtteil Düsseltal. Bis zum Zweiten Weltkrieg gab es hier den Düsseldorfer Tiergarten, der bei einem Bombenangriff vollkommen zerstört wurde. Ein paar der Tiere wurden jedoch gerettet und umgesiedelt – ihre Nachfahren kannst du nun im **Aquazoo** besuchen.

GEOGRAFISCHER MITTELPUNKT DER STADT

Heute kommt man vor allem nach Düsseltal, um im **Eisstadion an der Brehmstraße** ein paar Runden zu laufen. Oder man stattet der Rethelstraße einen Besuch ab, der „Kö von Düsseltal". Die Straße bietet viele und gute Einkaufsmöglichkeiten und vor allem der mediterran gestaltete Teil lädt zum Flanieren ein.

INFOBOX

Miethöhe:

Hochhausfaktor:

Einwohnerdichte:

Grünfläche:

Distanz zum Schlossturm: 3,8 km

Kneipendichte:

Wohnen kannst du in Düsseltal überall gut – im Eigenheim, der Eigentumswohnung oder gleich in einer Villa an der Hans-Sachs-Straße. Düsseltal ist nämlich beliebt und teuer. Die ansässige Klientel ist dementsprechend gut betucht und froh, dass es bis zur Galopprennbahn und zum Golfplatz nicht allzu weit ist.

Der besondere Platz

In der Nähe der Mulvanystraße befindet sich mit der **Buschermühle** die letzte intakte Wassermühle der Stadt. Die Mühle wird zwar nur selten geöffnet, aber es reicht schon, im kleinen Park davor zu sitzen.

Stadtbezirk 3
(Oberbilk, Unterbilk, Bilk, Friedrichstadt, Hafen, Hamm, Flehe, Volmerswerth)

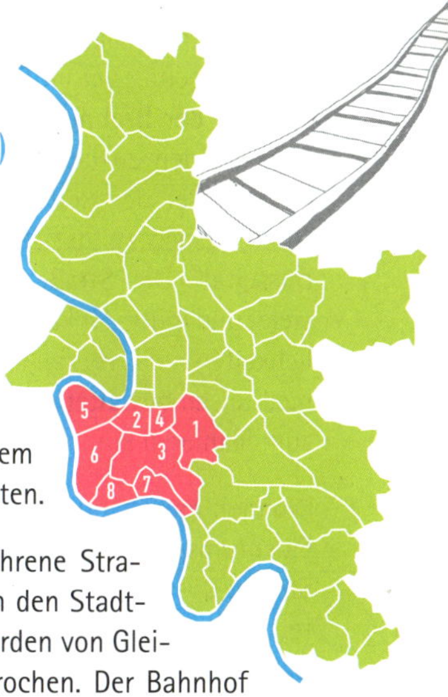

1 Oberbilk

Es führt kein Weg dran vorbei: Oberbilk hat den Ruf eines Problemviertels. Würde man einen Düsseldorfer fragen, wo man besser nicht hinziehen sollte, käme Oberbilk sicher an erster Stelle. Vor allem von der Kölner Straße würde man dir abraten.

Stark befahrene Straßen prägen den Stadtteil und werden von Gleisen unterbrochen. Der Bahnhof ist halt gleich nebenan. Dementsprechend gibt es in Oberbilk viele Discounter, Billigläden und den ein oder anderen Sex-Shop. Andererseits aber auch die besten Döner der Stadt. Oberbilk ist dicht und wenig inspirierend bebaut – in erster Linie mit hochgeschossigen Mietshäusern an, naja, viel befahrenen Straßen.

Wer auf multikulti steht, sollte sich von den Vorurteilen nicht abschrecken lassen. Die Mieten sind niedrig, die Verkehrsanbindung ist gut und beim Einkaufen hat man oft das Gefühl, sich eher in der Türkei oder Nordafrika zu befinden als im Rheinland. Und das hat doch Flair.

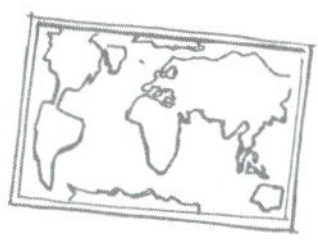

Der besondere Platz

Der **Volksgarten** ist der Düsseldorfer Park ohne künstliche Zusatzstoffe. Weiher, Bäume, dichtes Buschwerk – wild und auf seine Art schwer romantisch.

INFOBOX

Miethöhe:

Hochhausfaktor:

Einwohnerdichte:

Grünfläche:

Distanz zum Schlossturm: 5,3 km

Kneipendichte:

2 Unterbilk

Heute werden im Unterbilker Hafen keine Schiffe mehr be- und entladen. Stattdessen ist das Unterbilker Rheinufer Teil des **Medienhafens** geworden. Hier residieren der **WDR**, der Lokalsender **Antenne Düsseldorf** und Werbe- und Modeunternehmen, allesamt in innovativen Neubauten.

Der Medienhafen ist außerdem für sein reges Nachtleben bekannt. Eine ganze Reihe von Clubs und Bars bilden zusammen die beliebteste Altstadt-Alternative. Das Publikum ist hier ein ganz anderes. Während der Altstadt ein gewisser Ballermann-Ruf anhaftet, triffst du in Unterbilk eher junge Businessleute, die den Feierabend bei einem Glas Martini ausklingen lassen.

Ursprünglich war Unterbilk das Düsseldorfer Studentenviertel, doch die Mieten sind für Studenten inzwischen kaum noch zu stemmen. Kein Wunder, denn die futuristischen Neubauten wurden allesamt

von Star-Architekten entworfen. Das färbt leider auch auf die Mieten in den Wohnhäusern abseits des Hafens ab.

Der besondere Platz

Unterbilk ist ein Stadtteil mit Aussicht: Sowohl in der **Kuppel im Ständehaus** (Ständehausstr. 1) als auch im **Dachgarten der Düsseldorf Bilk Arcaden** (Friedrichstr. 133) bekommst du ein beeindruckendes Stadtpanorama geboten. www.kunstsammlung.de www.duesseldorf-bilk-arcaden.de

INFOBOX

Miethöhe:

Hochhausfaktor:

Einwohnerdichte:

Grünfläche:

Distanz zum Schlossturm: 3,6 km

Kneipendichte:

3 Bilk

Bilk ist Düsseldorfs bevölkerungsreichster Stadtteil. Das bekommt man vor allem samstags zu spüren, wenn man sich auf den Aachener Platz begibt. Dort findet einer der größten Trödelmärkte Deutschlands statt. In erster Linie werden hier Möbel verkauft und Fahrräder (un)gewisser Herkunft vertickt.

Die Düsseldorfer **Heinrich-Heine-Universität** befindet sich in Bilk und mit ihr auch das **Uni-Klinikum**, der **Botanische Garten** und zwei Studentenwohnheime. Wenn (trotz Pendleruni) überhaupt mal etwas Studi-Feeling in Düsseldorf aufkommt, dann in Bilk.

Unter den Bilkern gibt es dementsprechend viele Studenten und andere Universitätsangehörige. Der U30-Faktor ist hoch, die Mieten sind bezahlbar und in den eher niedrig gebauten Bilker Wohnhäusern lebt es sich auch durchaus anständig.

INFOBOX

Miethöhe:

Hochhausfaktor:

Einwohnerdichte:

Grünfläche:

Distanz zum Schlossturm: 4,7 km

Kneipendichte:

Der besondere Platz

In Bilk solltest du unbedingt einmal das **Kuppelgewächshaus** im Botanischen Garten (Universitätsstr. 1) besuchen. Besonders toll ist es hier natürlich im Frühjahr, wenn alles blüht und duftet.

4 Friedrichstadt

Die Friedrichstadt ist ein kleiner, aber dicht besiedelter Stadtteil. Hier herrscht nicht nur die höchste Einwohner-, sondern auch die höchste PKW-Dichte. Dich erwartet also wenig Grün – stattdessen Straßenzüge in Rasteroptik.

Immerhin ist mit der Friedrichstraße für ausreichend Einkaufsmöglichkeiten gesorgt. Der Düsseldorfer **Stern-Verlag**, in dem man gut mal ein paar Stunden verschmökern kann, residiert auf der Friedrichstraße, einen großen Bioladen gibt's und natürlich auch sonst alles für den täglichen Bedarf.

In Friedrichstadt kann man ziemlich günstig wohnen, das Wohnumfeld ist jedoch eher zweit- bis drittklassig. Aber: Die Altstadt kannst du von hier aus noch fußläufig erreichen. Diese Kombination zieht junge Leute an, deren Grundeinkommen (noch) nicht für die Altstadt oder Carlstadt reicht.

INFOBOX

- **Miethöhe:**
- **Hochhausfaktor:**
- **Einwohnerdichte:**
- **Grünfläche:**
- **Distanz zum Schlossturm: 3,8 km**
- **Kneipendichte:**

Der besondere Platz

Man kann es auch so sehen: Die Friedrichstadt macht es einem leicht. Der einzig wirklich schöne Platz ist der **Fürstenplatz**. Richtig nett wird's, wenn hier Flohmarkt ist.

5 Hafen

Der Stadtteil Hafen wird von Düsseldorfern gern mit dem Medienhafen gleichgesetzt. Ganz so einfach ist das aber nicht. Der eigentliche Hafen ist nur eine kleine Halbinsel im Rhein, eine Art Wurmfortsatz des Medienhafens, der sich über das Unterbilker Rheinufer erstreckt.

Ein paar Partylocations (wie das **3001**) gibt es hier, einige Restaurants und Hotelquader in modernen Hochhäusern. Außerdem sage und schreibe 86 Einwohner. Der Hafen ist also eher kein Wohngebiet. Überhaupt findest du hier mehr Container und Hebekräne als

Gebäude – neben den Hotel-Neubauten bloß einige (oft leer stehende) Kontorhäuser.

Die Schickimicki-Business-Szene hat den Hafen sportlich für sich gepachtet, denn hier kann man mit Rheinblick Golf spielen. Überraschenderweise musst du aber keinem teuren Golfclub angehören, um gleich am Rhein den Schläger zu schwingen. Der Golfpatz ist nämlich der **einzige öffentliche Golfplatz Düsseldorfs**, der nach dem „Pay & Play"-Prinzip funktioniert.

Der besondere Platz

Von einigen Schiffen abgesehen, ist das **Lido** (Am Handelshafen 15) im „Brückenhaus" das einzige schwimmende Restaurant. Es wirbt mit einem schnellen 3-Gänge-Lunch als Alternative zum Bäcker – für 45 Euro. Wie waren gleich noch mal die Brötchen-Preise?
www.lido1960.de

INFOBOX

Miethöhe:

Hochhausfaktor:

Einwohnerdichte:

Grünfläche:

Distanz zum Schlossturm: 7,6 km

Kneipendichte:

6 Hamm

Hamm liegt zwar noch nah am Medienhafen, ist aber trotzdem schon sehr ländlich geprägt. Die Straßennamen sprechen für sich:

Viehfahrtsweg, Am Kuhtor, Hammer Deich. Hier liegt der sprichwörtliche Hund begraben. Im Dorfkern findet sich noch Fachwerk, das aber nach außen hin Reihenhäusern weicht. Der Altersdurchschnitt ist hoch, zunehmend zieht es aber auch Jüngere „aufs Dorf". Im Volksmund wird Hamm als „Kappes-Hamm" bezeichnet. „Kappes" ist Düsseldorfer Platt für „Kohl" und beschreibt, wofür Hamm einmal bekannt war: Kohlanbau in rauen Mengen.

Der besondere Platz

Hamm kann auch Gastronomie: **Im Silbernen Ring** (Hammer Dorfstr. 109) ist eines der ältesten Gasthäuser der Stadt. Anständige rheinische Küche mit Kohl, aber auch ohne.
www.imsilbernenring.de

INFOBOX

Miethöhe:

Hochhausfaktor:

Einwohnerdichte:

Grünfläche:

Distanz zum Schlossturm: 5,5 km

Kneipendichte:

7 Flehe

Wenn man mal ehrlich ist, kennen Düsseldorfer eher die Fleher Brücke als Flehe selbst. Und wenn man noch ehrlicher ist, hat das auch seinen guten Grund. In Flehe passiert nicht viel. Da ist es gut zu wissen, dass man über die Fleher Brücke ganz schnell auf der A57 landet und das Weite suchen kann.

INFOBOX

Miethöhe: 

Hochhausfaktor: 

Einwohnerdichte: 

Grünfläche: 

Distanz zum Schlossturm: 5,6 km

Kneipendichte: 

Wer auf Feld, Wald und Wiesen steht, ist hier natürlich gut aufgehoben. Land- und Forstwirtschaft nehmen fast die Hälfte der Fläche ein.

Der besondere Platz

Schau doch mal, was der **Tambourcorps „Frohsinn"** so macht. Wenn schon Dorf, dann richtig.

8 Volmerswerth

In Volmerswerth fallen sogar 70 % der Fläche an Land- und Forstwirtschaft. Richtige Bauern gibt es hier, die vor allem Gemüse anbauen. Außerdem ist überall Tempo 30 vorgeschrieben – maximale Traktorgeschwindigkeit.

BESTE SKATER-STRECKE

Die Rheinpromenade ist sonntags und an Feiertagen für den Autoverkehr sogar vollkommen gesperrt. Zu diesen Zeiten wird das Ufer vor allem von Inline-Skatern bevölkert.

Der besondere Platz

In Volmerswerth gibt's ein bisschen **Strand am Rhein**. Der macht das Sitzen am Wasser noch mal schöner.

INFOBOX

Miethöhe:

Hochhausfaktor:

Einwohnerdichte:

Grünfläche:

Distanz zum Schlossturm: 8,9 km

Kneipendichte:

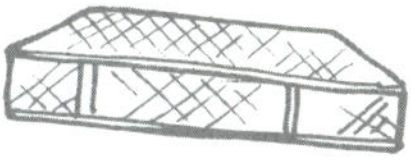

Stadtbezirk 4

(Oberkassel, Heerdt, Lörick, Niederkassel)

1 Oberkassel

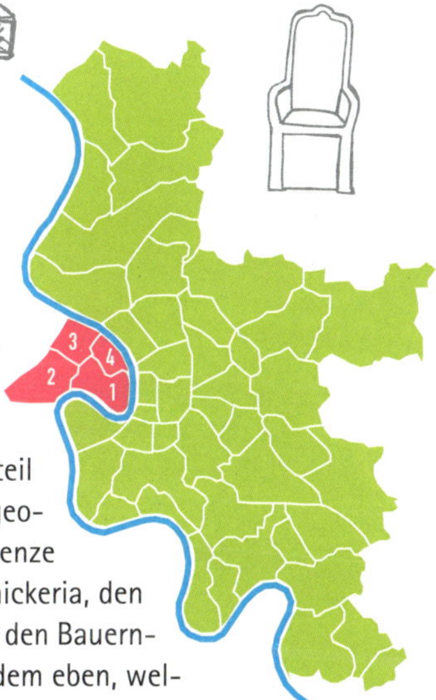

Oberkassel nehmen wir jetzt einmal zum Anlass, dich über etwas ganz Grundsätzliches aufzuklären. Oberkassel liegt nämlich linksrheinisch und das sagt schon ganz schön viel über den Stadtteil aus. Der Rhein ist nämlich nicht nur eine geografische Grenze, sondern auch die Grenze zwischen dem normalen Volk und der Schickeria, den Bodenständigen und den Arroganten oder den Bauerntrampeln und den Stilbewussten (je nachdem eben, welche Seite die eigene ist). Wie auch immer man die Sache sehen mag – fest steht, dass Oberkassel auch im linksrheinischen Vergleich noch den Vogel abschießt. Oberkassel ist DER Stadtteil der

Haute Volaute. Ob Wohnungen, Gastronomie oder Einkaufsmöglichkeiten: Hier ist alles first class.

Die Haupteinkaufsstraße Luegallee bietet alle Dinge des täglichen Bedarfs. Und, da es sich eben um das linksrheinische Oberkassel handelt, gibt es hier auch nicht so ganz alltägliche Dinge (würde der Rechtsrheiner behaupten). Die Oberkasseler Bebauung wurde vom Krieg weitgehend verschont. Daher reihen sich hier noch wunderschöne Altbauten aneinander – teils sogar mit Rheinblick.

Eine Versöhnung der beiden Rheinseiten findet alljährlich mit der Größten Kirmes am Rhein statt. Die steht im Sommer für einige Tage auf den Oberkasseler Rheinwiesen – ein Festival mit Superlativ, aber bodenständig genug für die Rechtsrheiner.

INFOBOX

Miethöhe:

Hochhausfaktor:

Einwohnerdichte:

Grünfläche:

Distanz zum Schlossturm: 2,9 km

Kneipendichte:

Der besondere Platz

Hinter der **Julia Stoschek Collection** (Schanzenstr. 54) verbirgt sich eine private Kunstsammlung, die der Öffentlichkeit (kostenlos) zugänglich ist. Viel Videokunst gibt es hier zu sehen und wiederkommen lohnt sich – die Ausstellung verändert sich ständig.
www.julia-stoschek-collection.net

2 Heerdt

Heerdt ist größtenteils industriell geprägt und bereits stark zum Neusser Hafen hin orientiert. Denn Heerdt ist Düsseldorfs westlichster Stadtteil und im linksrheinischen Vergleich nicht ganz so abgehoben wie der Rest. Ein paar Villen gibt es an der Rheinallee zwar auch, aber die Heerdter Bebauung ist doch größtenteils eher unauffällig.

Auch der Heerdter selbst ist vielmehr bodenständig und würde sich wohl auch auf der rechten Rheinseite ganz wohl fühlen. Hier wohnen die Normalos, sozusagen, Durchschnittsfamilien in schlichten Reihen- und Mehrfamilienhäusern.

Auch wenn du rechtsrheinisch wohnst, wirst du vielleicht einmal nach Heerdt kommen, um einen Film im **CineStar** (Hansaallee 245) zu sehen. Nur hier werden Blockbuster auch in OV gezeigt. --> s. „Kultur und so", S. 209

INFOBOX

Miethöhe:

Hochhausfaktor:

Einwohnerdichte:

Grünfläche:

Distanz zum Schlossturm: 5,8 km

Kneipendichte:

Der besondere Platz

Heerdt ist nicht nur graue Industrie. Der **Albertussee** ist die grüne Lunge des Stadtteils – ein Fleckchen zum Im-Gras-Liegen und Durchatmen.

3 Lörick

Düsseldorfer kennen Lörick vor allem wegen seines **Strandbads**, das an Sommertagen trotz beinahe 100.000 m² Fläche nie leer wirkt. Nicht nur Schwimmer kommen hier auf ihre Kosten, sondern auch für Fußballer und Beachvolleyball-Fans ist gesorgt. Generell ist Lörick ein beliebtes Erholungsgebiet. Ein Teil der Rheinwiesen zieht sich das Ufer entlang und einen Yachthafen findest du hier auch (ja, genau, Lörick liegt linksrheinisch).

INFOBOX

Miethöhe:

Hochhausfaktor:

Einwohnerdichte:

Grünfläche:

Distanz zum Schlossturm: 5,1 km

Kneipendichte:

--> s. „Es ist Sommer!", S. 128

Die Löricker sind eher etwas älter und im Allgemeinen gut betucht, Häuser mit Rheinblick und Auen als Vorgarten muss man sich eben erst einmal leisten können.

Lörick ist aber auch ein Stadtteil der Gegensätze. Der eher dörfliche Ortskern kontrastiert stark mit den Neubauten im Gewerbegebiet **Seestern**. Flächenmäßig ist der Seestern der zweitgrößte Bürostandort Düsseldorfs. Einen unumstrittenen Vorteil hat das: Lörick ist gut angebunden.

Der besondere Platz

Dreh doch mal eine Runde um den **Paradieshafen**. Hier kannst du schicke Boote im idyllischen Hafenbecken bestaunen. Und wer weiß, vielleicht nimmt dich ja jemand mit auf einen Törn.

4 Niederkassel

Niederkassel unterscheidet sich auf den ersten Blick kaum von Oberkassel: ein teures Wohngebiet mit zahlreichen Stadtvillen. Zusätzlich ein paar restaurierte Höfe. Eines ist aber anders. Niederkassel ist eher kein rheinischer, sondern ein japanischer Stadtteil. Schon die Düsseldorfer Stadtmitte ist ja teilweise in japanischer Hand, doch das ist noch nichts im Vergleich zu Niederkassel.

Eine große fernöstliche Gemeinde ist hier ansässig, die mit einem japanischen Kindergarten, einer japanischen Schule und einem traditionellen Tempel in einer Art Parallelwelt zu leben scheint. Der Eindruck täuscht jedoch. Die Düsseldorfer Japaner sind zwar stolz auf ihre Kultur, aber den Düsseldorfer Ureinwohnern gegenüber sehr freundlich und offen.

Einmal im Jahr findet entlang des Rheins das Japanfest statt. Otto Normaldüsseldorfer können dort japanische Kalligrafie ausprobieren, Kampfkunst, das Mangazeichnen und vieles mehr. Am Ende gibt es ein traditionelles japanisches Feuerwerk, auf das auch die Düsseldorfer Stammbevölkerung irgendwie stolz ist.

INFOBOX

Miethöhe:

Hochhausfaktor:

Einwohnerdichte:

Grünfläche:

Distanz zum Schlossturm: 3,4 km

Kneipendichte:

EINZIGER JAPANISCHER TEMPEL IN EUROPA

STADTTEILREKORD

zu Hause Park gemütlich Heimat wohnen

Der besondere Platz

Das **EKO-Haus** (Brüggener Weg 6) ist der japanische Tempel der Stadt. Hier werden kulturelle Veranstaltungen angeboten, die jedem zugänglich sind. Besonders zu empfehlen: der Besuch einer traditionellen Teezeremonie. www.eko-haus.de

Stadtbezirk 5

(Stockum, Lohausen, Kaiserswerth, Wittlaer, Kalkum, Angermund)

1 Stockum

Stockum ist zwar flächenmäßig groß, hat aber nur wenige Einwohner. Stockum ist nämlich in erster Linie Messegelände. Wenn du nicht gerade eine Messe besuchen willst, verschlägt es dich nur selten hierher. Es sei denn, du bist Fortuna Fan. Das Düsseldorfer Team spielt in der **ESPRIT arena** und die steht in Stockum. Samstags schieben sich ganze Fanströme Richtung Altstadt. Zu diesen Zeiten gibt es in Stockum vielleicht mehr Fußballfans als Einwohner.

Vor allem um den Freiligrathplatz kann man in Stockum auch ganz gut wohnen: in eher gediegenen Siedlungen mit, nun ja, Best-Agern als Nachbarn.

Noch ein anderer Grund, nach Stockum zu kommen, sind der **Aquazoo** und der angrenzende

GRÖSSTES MESSEGELÄNDE

Nordpark. Hach ja, der Nordpark – sicher einer der schönsten Stadtparks. Mindestens. Blumenrabatten und Springbrunnen gibt es dort und Bänke, die man sich so zurechtrücken kann, wie man will.

INFOBOX

Miethöhe:
Hochhausfaktor:
Einwohnerdichte:
Grünfläche:
Distanz zum Schlossturm: 5,1 km
Kneipendichte:

Der besondere Platz

Der **Japanische Garten** mit seinen Teichen und Brücken ist das Sahnehäubchen des Nordparks. Der Wasabi-Klecks, um bei den Klischees zu bleiben. Leider nicht zum Mitnehmen.

2 Lohausen

Flughafen und Pferde – damit wäre Lohausen im Grunde schon zusammengefasst. Zwei Drittel des Stadtteils entfallen auf den Flughafen, der Rest geht an Landwirtschaft und Reiterhöfe. Die Fluglärm-Debatte ist hier immer wieder Thema, denn ein paar nicht wiehernde Anwohner gibt es doch. Normalerweise verschlägt es dich aber wohl nur zum Reiten nach Lohausen oder sonntags zum Notfalleinkauf im Flughafen.

INFOBOX

Miethöhe:
Hochhausfaktor:
Einwohnerdichte:
Grünfläche:
Distanz zum Schlossturm: 8,2 km
Kneipendichte:

Der besondere Platz

Etwas Gras, das keine Pferdekoppel ist, gibt es auch: Der **Lantz'sche Park** bietet ein Herrenhaus und Rasen im englischen Stil: neatly trimmed. Reiten ist hier sicher verboten.

HÖCHSTE REITERHOFDICHTE

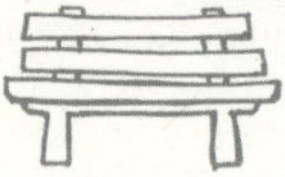

3 Kaiserswerth

Hach, Kaiserswerth. Da gerät man schnell ins Schwärmen. Kaiserswerth ist nämlich schwer historisch und uneingeschränkt schön. Viele ehrwürdige Gebäude prägen das Stadtbild – hier wohnt es sich wie im Märchen, aber nicht günstig. Der Ruf, den Oberkassel im Linksrheinischen genießt, gilt rechtsrheinisch eben für Kaiserswerth.

Wer sich ein Leben hier nicht leisten kann, kommt regelmäßig zum Sonntagsausflug vorbei. Kaiserswerth scheint jedenfalls das Top-Ausflugsziel für die Rest-Düsseldorfer zu sein. Man flaniert über den historischen Marktplatz, an der alten Kaiserpfalz vorbei und am Rhein entlang. Das kann man sonst nirgends.

INFOBOX

Miethöhe:	
Hochhausfaktor:	
Einwohnerdichte:	
Grünfläche:	
Distanz zum Schlossturm: 8,9 km	
Kneipendichte:	

Der besondere Platz

Sehr skurril ist der **Kaiserswerther Menhir** (am Zeppenheimer Weg), das älteste Denkmal der Stadt: ein 1,70 m hoher, 3000 Jahre alter Megalith. Erinnert stark an Obelix' Hinkelsteine.

ÄLTESTES DENKMAL

4 Wittlaer

Wittlaer ist dörflich geprägt, aber eher teuer. Die Dörflichkeit wandelt sich langsam, das Preisniveau bleibt. Einbrungen, ein riesiges Neubaugebiet, trägt zur Urbanisierung bei. Hier werden eher Penthouse-Wohnungen als Einfamilienhäuser gebaut.

INFOBOX

Miethöhe:

Hochhausfaktor:

Einwohnerdichte:

Grünfläche:

Distanz zum Schlossturm: 11,9 km

Kneipendichte:

Trotz seiner Lage in der Düsseldorfer Peripherie (eine gemeinsame Grenze mit Duisburg) ist Wittlaer gut angeschlossen. Mit der Stadtbahn gelangt man recht einfach in die Innenstadt.

Der besondere Platz

Hof Kaldenberg (Am Rittergut 1) ist eine pompöse Hofanlage aus der Zeit des Barock: Torhaus, Haupthaus und Wirtschaftsgebäude. Nicht ganz Schloss, aber beinahe.

5 Kalkum

Kalkum ist vor allem eins: Das Kalkumer Schloss, eine Prachtanlage barokker Zeit mit ebenso prächtigem Garten und deshalb eines der beliebtesten Ausflugsziele.

endlich
endlich

INFOBOX

Miethöhe:

Hochhausfaktor:

Einwohnerdichte:

Grünfläche:

Distanz zum Schlossturm: 12,1 km

Kneipendichte:

Kalkum bedeutet aber auch: Einfamilienhäuser der gehobenen Klasse und einige Landschaftsschutzgebiete. Kalkum ist grün und wird es auch bleiben. Für viele ist das Grund genug, herzuziehen. Nur das nötige Kleingeld muss man haben.

SCHLOSS MIT DEN HÖCHSTEN HEIZKOSTEN

STADTTEILREKORD

Der besondere Platz

Das Kalkumer Schloss kennen die meisten Düsseldorfer, die **Kalkumer Mühle** (Oberdorfstr. 35) dagegen kennt kaum jemand. Dabei ist die auch sehr schön.

6 Angermund

Angermund ist Düsseldorfs nördlichster Stadtteil, was zu der skurrilen Tatsache führt, dass Düsseldorfer und Duisburger Innenstadt von hier aus gleich weit entfernt sind.

Außerdem ist Angermund auch einer der reichsten

INFOBOX

Miethöhe:

Hochhausfaktor:

Einwohnerdichte:

Grünfläche:

Distanz zum Schlossturm: 15,2 km

Kneipendichte:

URIGSTE STRAßENSCHILDER

STADTTEILREKORD

Stadtteile. Das Grundeinkommen ist hoch und die Eigenheimdichte ist es auch. Prägend sind hier in erster Linie großzügige Einfamilienhäuser.

Generell ist Angermund ein bisschen ... sagen wir mal, anders. Uriger geht es hier zu. Bezeichnend ist vielleicht, dass sämtliche Straßenschilder noch aus Holz sind.

Der besondere Platz

Schloss Heltorf (Heltorfer Schloßallee 100) ist ein echter Blickfang. Es bietet Wassergraben, englischen Landschaftsgarten und eine neugotische Bibliothek. All deine Schloss-Klischees werden hier auf wunderbar bestätigt.

Stadtbezirk 6

(Lichtenbroich, Unterrath, Rath, Mörsenbroich)

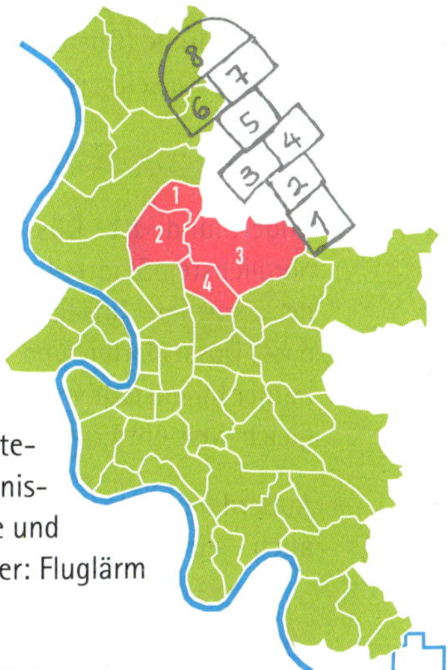

1 Lichtenbroich

Lichtenbroich war ursprünglich Sumpfgebiet und lange Zeit gab es hier gar keine Besiedlung. Heute leben überdurchschnittlich viele Familien in Lichtenbroich, die meisten im Eigenheim. Es bestehen sehr gute nachbarschaftliche Verhältnisse, was auch die Straßenfeste, Flohmärkte und der Jugendclub im Stadtteil beweisen. Aber: Fluglärm

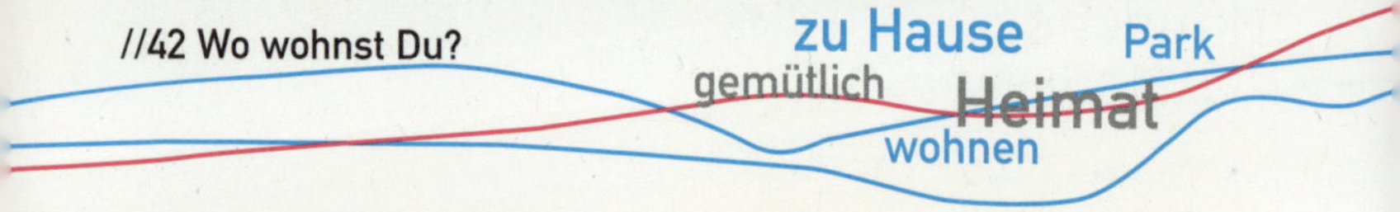

INFOBOX

Miethöhe:

Hochhausfaktor:

Einwohnerdichte:

Grünfläche:

Distanz zum Schlossturm: 9,3 km

Kneipendichte:

ist ab und zu ein Problem, denn **Düsseldorf International** liegt direkt an der Stadtteilgrenze zu Lohausen.

Der besondere Platz

Bei gutem Wetter geht es für viele an den **Lichtenbroicher Baggersee**. Hier kann man entspannt in der Sonne liegen – auf einem kleinen Stück Sandstrand.

2 Unterrath

Man könnte vermuten, dass es in Unterrath überdurchschnittlich fitte Senioren gibt. Das Durchschnittsalter ist nämlich hoch, aber die Anzahl der Sportplätze und Turnhallen auch.

Von den Turnhallen einmal abgesehen, ist Unterrath nur locker bebaut. Eine gesunde Mischung aus Reihen-, Doppel- und Einfamilienhäusern bestimmt das Stadtteilbild. Es gibt viele Grünflächen und

den Kittelbach. Einen Kontrast dazu bildet allerdings der **Businesspark Airport City**.

Grün und fit – Unterrath ist ein guter Ort. Und wenn du durchaus bereit bist, der ein oder anderen Dame über die Straße zu helfen, bist du hier ganz richtig.

INFOBOX

Miethöhe:

Hochhausfaktor:

Einwohnerdichte:

Grünfläche:

Distanz zum Schlossturm: 8,8 km

Kneipendichte:

Der besondere Platz

Nach und nach wird der **Kittelbach** renaturiert. Statt Beton gibt es immer mehr geschwungene Ufer und Orte zum Verweilen.

3 Rath

Tja, Rath. Problematisch. Der Stadtteil ist stark geprägt durch das **ehemalige Mannesmann-Industriegelände**, das heute zu Vallourec gehört. Früher nannten sich die Arbeiter noch „Mannesmänner". Ein Grund, nach Rath zu kommen, ist der **ISS Dome**, die noch relativ neue Spielstätte der **DEG**. Außerdem finden jede Menge Konzerte und andere Events im Dome statt.

Düsseldorfer würden Rath aber als Wohngegend eher nicht empfehlen. Das soziale Umfeld ist teils sehr schwierig. Was man nicht schon alles gehört hat über die Rather Jugend ... Wenn du um jeden Preis günstig (und im Reihenhaus) wohnen willst, ist Rath allerdings the place to be.

zu Hause Park gemütlich Heimat wohnen

Der besondere Platz

Der **Trödelmarkt** auf dem Schützenplatz bietet Ramsch und Kulinarisches aus aller Herren Länder – ein Markt mit Multikulti-Flair. Fast ein Basar.

INFOBOX

Miethöhe:

Hochhausfaktor:

Einwohnerdichte:

Grünfläche:

Distanz zum Schlossturm: 6,0 km

Kneipendichte:

VIERTGRÖßTES EISHOCKEY-STADION DEUTSCHLANDS

STADTTEILREKORD

4 Mörsenbroich

Der Düsseldorfer hört „Mörsenbroich" und denkt „Ei". Das Mörsenbroicher Ei ist nämlich Verkehrsknotenpunkt und eine der meistbefahrenen Düsseldorfer Straßenkreuzungen. Hier treffen sechs (Bundes-)Straßen aufeinander. Außerdem findest du in Mörsenbroich eine der größten Kleingartenanlagen der Stadt – gleich neben dem markanten **Arag-Hochhaus**.

Wenn dir der rege Verkehr nichts ausmacht, kannst du in Mörsenbroich gut wohnen. Wohnblöcke gibt es zwar, aber viele Viertel sind nur locker mit Einfamilienhäusern bebaut, zwischen denen sich auch immer mal ein grünes Plätzchen finden lässt. Dass der Stadtteil gut angebunden ist, versteht sich von selbst.

Den Nicht-Düsseldorfer erkennt man übrigens daran, dass er Mörsenbroich falsch ausspricht. Kleiner Tipp: Dehnungs-i! Versuchs mal mit „Mörsenbrooch".

GRÖßTES HOCHHAUS DER STADT

STADTTEILREKORD

Der besondere Platz

In Mörsenbroich findest du einen **Abenteuerspielplatz** (Sankt-Franziskus-Str. 125), mit allem, was sich die ganz jungen Wilden wünschen: Klettermöglichkeiten ohne Ende, Werkstatt, Wasserflächen zum Floßfahren und einen Streichelzoo mit Kaninchen und Meerschweinchen.

INFOBOX

Miethöhe:

Hochhausfaktor:

Einwohnerdichte:

Grünfläche:

Distanz zum Schlossturm: 5,0 km

Kneipendichte:

Stadtbezirk 7
(Gerresheim, Grafenberg, Ludenberg, Hubbelrath)

1 Gerresheim

Das schöne Gerresheim kombiniert gute Einkaufsmöglichkeiten mit Dorfcharakter. Es gibt Fachwerkhäuser rund um den alten Marktplatz mit seiner Basilika, aber auch belebte Einkaufsstraßen. Generell ist Gerresheim ein Stadtteil zum Wohlfühlen.

Wobei der Gerresheimer unbedingt immer zwischen „oberem" und „unterem" Gerresheim unterscheidet. „Unten" befanden sich früher die Arbeitersiedlungen der Gerresheimer Glashütte, heute gibt es „unten" Klein-Italien mit hohem Pizza-Aufkommen und Mehrfamilienhäusern. „Oben" lebt es sich gutbürgerlich, gut, manchmal auch etwas spießig – die Eigenheimdichte ist hoch.

BESTER NATUR-STADT-MIX

INFOBOX

Miethöhe:

Hochhausfaktor:

Einwohnerdichte:

Grünfläche:

Distanz zum Schlossturm: 9,3km

Kneipendichte:

Die Nähe zum Grafenberger Wald und das angrenzende Naturschutzgebiet machen Gerresheim auch noch sehr grün. Trotzdem bist du in zwanzig Minuten mit der Bahn in der Innenstadt.

Der besondere Platz

Mitten in der Wohnsiedlung Kaiserburg steht ein Industriedenkmal: Ein alter **Ringofen** (Am Wildpark), der hin und wieder für kleine Kunstausstellungen genutzt wird.

2 Grafenberg

Grafenberg ist ein grüner Stadtteil mit Gründerzeitbebauung. Sehr attraktiv, direkt am Wald gelegen, aber nicht günstig. Die Grafenberger wohnen schick und wissen es auch.

In mancher Hinsicht ist Grafenberg allerdings auch überbewertet. Immer wieder werden dem Stadtteil Dinge zugerechnet, die eigentlich nicht zu

DIE MEISTEN ZIRKUS-SHOWS

STADTTEILREKORD

ihm gehören. Grafenberger Wald, Pferderennbahn und Golfclub liegen allesamt auf Ludenberger Gebiet. Gut möglich allerdings, dass die Grafenberger zu den Hauptnutzern zählen.

Der **Ostpark** hingegen gehört definitiv zu Grafenberg. Er ist klein, aber fein – Rhododendren dominieren die Bepflanzung. Ein großer Publikumsmagnet ist außerdem der Staufenplatz. Hier findet jedes Jahr die Osterkirmes statt und auch der ein oder andere Zirkus schlägt seine Zelte auf.

INFOBOX

Miethöhe:

Hochhausfaktor:

Einwohnerdichte:

Grünfläche:

Distanz zum Schlossturm: 7,0 km

Kneipendichte:

Der besondere Platz

An der Ernst-Poensgen-Allee liegt (bzw. lag) die **Jan-Wellem-Quelle**. Kurfürst Jan Wellem schlürfte einst am liebsten Quellwasser. Heute ist die Quelle zwar versiegt, aber einen kleinen Brunnen mit Bänken gibt es immerhin noch.

3 Ludenberg

Ludenberg kennt der Düsseldorfer oft gar nicht: Der Stadtteil besitzt kein eigenes Zentrum, deshalb werden Teile Ludenbergs häufig umliegenden Stadtteilen zugerechnet.

Insgesamt ist Ludenberg waldig, hügelig und eher dünn besiedelt. Attraktionen sind allerdings der **Grafenberger Wald**, die **Pferderennbahn** und der **Rochusclub**. Alles Dinge, die gern in Grafenberg verortet werden.

Die Ludenberger gehören meist zu den Topverdienern der Stadt und unterhalten hier ihre Erst- oder Zweitvilla. Mario Barth zum Beispiel zählt zum Ludenberger „Landadel".

Der besondere Platz

Besuch doch mal ein Galopprennen auf der **Pferderennbahn**. Hier gibt's Jubel und Trubel und die typisch englischen Hüte (auch zu kaufen). Natürlich kann auch gewettet werden.

www.duesseldorf-galopp.de

INFOBOX

Miethöhe:

Hochhausfaktor:

Einwohnerdichte:

Grünfläche:

Distanz zum Schlossturm: 9,8 km

Kneipendichte:

4 Hubbelrath

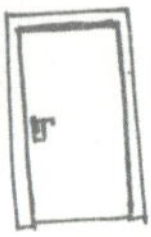

Hubbelrath ist auch eines dieser schicken, kleinen Düsseldörfer: Viel Grün, viele teure Häuser. Die Hubbelrather gelten als ein etwas eigenes Völkchen, das viel Wert auf Brauchtum und Tradition legt. Wie zu erwarten, ist der Altersdurchschnitt recht hoch.

Außerdem findest du hier **Kosaido**, den japanisch-deutschen Golfclub der Stadt. Bietet sich ja an bei so viel Grasland. Was Hubbelrath noch zu bieten hat? Den kleinsten Friedhof der Stadt. Gräber oder Golf – mussten bei der Wiesennutzung etwa Prioritäten gesetzt werden?

Der besondere Platz

Das **Gut Jägerhof** (Hubbelrather Weg 18) ist eines der beliebtesten Steak-Häuser in Düsseldorf. In der ehemaligen Scheune serviert man dir Steaks auf rheinisch-deftige Art: mit Knochen und Fettrand! Für die, die drauf stehen, eine gute Adresse!
www.gut-jaegerhof.de

INFOBOX

Miethöhe:
Hochhausfaktor:
Einwohnerdichte:
Grünfläche:
Distanz zum Schlossturm: 12,9 km
Kneipendichte:

Stadtbezirk 8

(Eller, Lierenfeld, Vennhausen, Unterbach)

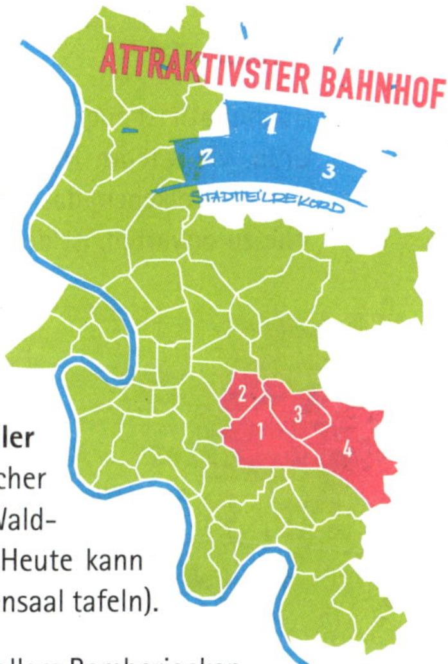

1 Eller

Eller hat noch so richtig Kleinstadtcharakter – im besten Sinne: Der Stadtteil besitzt einen eigenen Stadtkern um den Gertrudisplatz, da er erst relativ spät eingemeindet wurde. **Schloss und Park Eller** zeugen noch von herrschaftlich-ritterlicher Vergangenheit. Zahlreiche Mark- und Waldgrafen residierten zeitweise im Schloss. Heute kann man die Räume mieten (und z.B. im Prinzensaal tafeln).

Böse Zungen behaupten, dass in Eller vor allem Bomberjacken-Träger und Pitbull-Besitzer wohnen. Als wirkliches Problemviertel gilt der Stadtteil aber nicht. Dafür ist es hier auch zu nett: die Reihenhäuser sind klein und süß und protzen mit verzierten Fassaden.

zu Hause Park gemütlich Heimat wohnen

INFOBOX

Miethöhe:

Hochhausfaktor:

Einwohnerdichte:

Grünfläche:

Distanz zum Schlossturm: 8,8 km

Kneipendichte:

„In Eller stirbste schneller", sagt der Düsseldorfer gern. Warum, weiß keiner genau. Statistisch lässt sich das jedenfalls nicht belegen. Die Elleraner halten wiederum dagegen: „In Wersten sterben die Ersten".

Der besondere Platz

Im **Kultur Bahnhof Eller** (Vennhauser Allee 89) finden regelmäßig wechselnde Ausstellungen und Konzerte statt – und das seit fast dreißig Jahren. www.kultur-bahnhof-eller.de

2 Lierenfeld

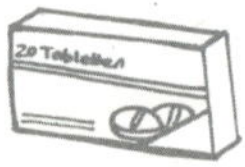

Lierenfeld bedeutet vor allem: Industrie. Das produzierende Gewerbe nimmt den größten Bereich der Stadtteilfläche ein. Lierenfeld ist außerdem verkehrsgeplagt. Die Erkrather Straße führt durch den Stadtteil – eine der meistbefahrenen Düsseldorfer Straßen.

INFOBOX

Miethöhe:

Hochhausfaktor:

Einwohnerdichte:

Grünfläche:

Distanz zum Schlossturm: 5,8 km

Kneipendichte:

Soziale Probleme gibt es hier reichlich, allerdings auch durchaus nette, beinahe idyllische Straßenzüge. Es kommt eben darauf an, wo genau du landest. Aber direkt empfehlen würde man dir Lierenfeld zum Wohnen wohl nicht.

Der besondere Platz

Das **Stahlwerk** (Ronsdorfer Str. 134) ist der Lierenfelder Partytreff und auch auf Stadtebene sehr bekannt für rauschende Feste. Im Sommer öffnet draußen das Treibgut, ein Strand mit Pools, Liegen und Bars. www.stahlwerk.de

3 Vennhausen

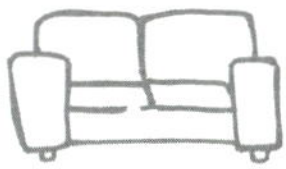

Wenn du einen Düsseldorfer nach Vennhausen fragst, wird er häufig nur den Kopf schütteln. Vennhausen? Sagt ihm nichts, kennt er nicht. In Vennhausen gibt es auch nicht viel. Ein paar Einfamilienhaussiedlungen, die so richtig nach Vorstadt aussehen, und etwas Natur.

Immerhin sind **Eller Forst** und **Unterbacher See** nicht weit. In Vennhausen kommen Naturliebhaber also auf ihre Kosten und sind nicht ganz so weit „ab vom Schuss" wie in der Düsseldorfer Peripherie.

Der besondere Platz

Der **Eller Forst** schließt gleich an Vennhausen an. Ganze 41 Vogelarten kannst du hier auf einem Streifzug beobachten – am Besten von einem der zwei ausgeschilderten Wanderwege aus.

INFOBOX

Miethöhe:

Hochhausfaktor:

Einwohnerdichte:

Grünfläche:

Distanz zum Schlossturm: 10,4 km

Kneipendichte:

4 Unterbach

Unterbach ist wohl vor allem durch seinen See bekannt. Im Sommer kommt man zum Schwimmen, zum Segeln und Tretbootfahren hierher.

Die Unterbacher sind ein bunt gemischtes Völkchen. In der Ökosiedlung am Langenfeldbusch findest du Grasdächer und Menschen in Leinenkleidung, ansonsten aber auch teure Einfamilienhäuser. Unterbach hat sich außerdem ein sehr eigenes und reges Vereinsleben bewahrt. Der Unterbacher Karneval ist beinahe eine Konkurrenz für den großen Düsseldorfer Bruder.

INFOBOX

Miethöhe:

Hochhausfaktor:

Einwohnerdichte:

Grünfläche:

Distanz zum Schlossturm: 17,3 km

Kneipendichte:

Der besondere Platz

Der **Bootsverleih am Unterbachersee** (Kleiner Torfbruch 31) bietet unter anderem Segeljollen, Tretboote, Ruderboote und Canadier – aber auch schwimmende Schwäne. Ob man sich so allerdings unauffällig über das Wasser bewegen kann, ist eine andere Frage ... www.unterbachersee.de

Stadtbezirk 9

(Wersten, Holthausen, Reisholz, Benrath, Urdenbach, Hassels, Itter, Himmelgeist)

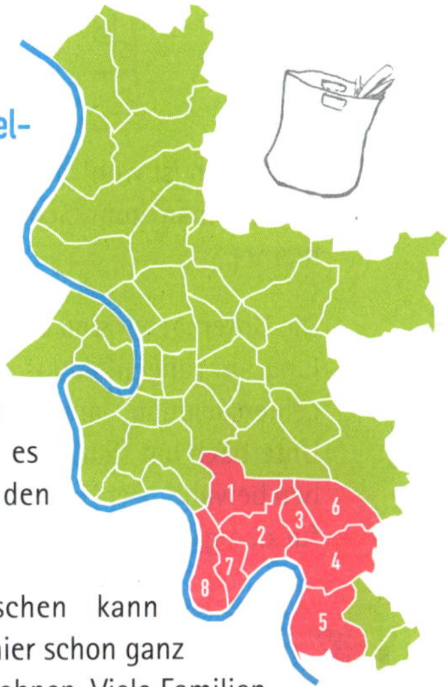

1 Wersten

In Wersten erwartet dich ein traditionelles Arbeiterwohnviertel. Schon seit den 80ern geht Wersten aber in Richtung Familienfreundlichkeit. Seitdem gibt es nämlich einen Autobahntunnel, der den Stadtteil verkehrstechnisch entlastet.

Inzwischen kann man hier schon ganz gut wohnen. Viele Familien sind zugezogen und es entstehen weitere neue Wohnsiedlungen. Absolutes Werstener Highlight ist der **Südpark** mit Baggersee und Streichelzoo – DER Düsseldorfer Familienpark schlechthin.

SCHÖNSTER STREICHELZOO

zu Hause Park gemütlich Heimat wohnen

Der besondere Platz

Wenn du dich auch nur ein klitzekleines bisschen für Oldtimer (oder Architektur) interessierst, solltest du die **Classic Remise** (Harffstr. 110a) besuchen – eine Art Dauer-Oldtimer-Ausstellung in einem historischen Ringlokschuppen. www.remise.de

--> Düsseldorf

INFOBOX

Miethöhe:

Hochhausfaktor:

Einwohnerdichte:

Grünfläche:

Distanz zum Schlossturm: 9,9 km

Kneipendichte:

2 Holthausen

Für viele Düsseldorfer ist Holthausen eine einfache Gleichung ohne Variablen: Holthausen = **Henkel**. Der Konzern nimmt nämlich ein Viertel der Fläche ein und hat es mit seinen Türmen sogar ins Altarbild (!) der Holthausener Kirche St. Joseph geschafft.

INFOBOX

Miethöhe:

Hochhausfaktor:

Einwohnerdichte:

Grünfläche:

Distanz zum Schlossturm: 11 km

Kneipendichte:

Und tatsächlich gibt es in Holthausen wenig anderes. Den alten Handelshafen vielleicht. Eine IKEA-Filiale, die aber alle in Reisholz verorten. Die Industrie also braucht Holthausen, aber wohnen muss man hier nicht unbedingt.

12.000 Einwohner hat der Stadtteil aber doch – viele Henkelangestellte und Arbeiter anderer ansässiger Unternehmen. In Holthausen wohnt man meist im klassischen Reihenhaus. Nicht auffallend schön also, aber durchaus in Ordnung.

Der besondere Platz

Eine der wenigen Grünflächen findest du um **Schloss Elbroich** (Am Falder 4). Der Park ist eher naturbelassen, aber das steht ihm gut.

3 Reisholz

Auch Reisholz bedeutet Industrie, sogar noch stärker als Holthausen. Hier gibt es kaum Wohngebiete und wenn, dann Werkswohnungen. Die Mehrzahl der Düsseldorfer (und IKEA-Mitarbeiter ...) glaubt, dass **IKEA Reisholz** in Reisholz liegt, tatsächlich befindet sich der Möbelriese aber in Holthausen.

INFOBOX

Miethöhe:

Hochhausfaktor:

Einwohnerdichte:

Grünfläche:

Distanz zum Schlossturm: 12,4 km

Kneipendichte:

Das **Castello** ist allerdings wirklich in Reisholz angesiedelt. Hier spielen die **Düsseldorfer Giants** – der wohl einzige Grund für viele, überhaupt nach Reisholz zu kommen.

GRÖßTES INDUSTRIEGEBIET

1 2 3 STADTTEILREKORD

Der besondere Platz

Der **Edeka Zurheide** (Nürnberger Str. 40-42) ist einer der besten deutschen Supermärkte. Immer wieder räumt der Laden Preise für das frischeste Gemüse oder das beste Warenangebot ab.
www.frischecenter-zurheide.de

4 Benrath

Jeder, der „Benrath" hört, denkt gleich an das **Benrather Schloss** (Benrather Schloßallee 100-106). Das ist nämlich wirklich atemberaubend: ein imposantes Rokoko-Gebäude mit Gartenanlage und großem Schlossteich mit dem Rhein gleich dahinter.

Auf der gegenüberliegenden Seite des Schlosses befinden sich traumhafte Jugendstilbauten mit Blick auf den (Schloss-)Teich. Hier wohnt die Benrather Schickeria. Bodenständiger und im Mietshaus kannst du im Stadtteil allerdings auch wohnen. Auch die Jugendstilhäuser ums Benrather Rathaus sind recht beeindruckend und die Fußgänger-Zone bietet beste Einkaufsmöglichkeiten. Benrath ist also ein eigenständiger Stadtteil, der gut ohne die Düsseldorfer Innenstadt auskommt. Viele Bewohner des Düsseldorfer Südens verschlägt es zum Shoppen eher nach Benrath.

SCHÖNSTES SCHLOSS

Der besondere Platz

Immer donnerstags von 10.00-12.00 Uhr wird das Gemüse aus dem **Küchengarten im Benrather Schloss** verkauft. Einfach vorbeikommen, einkaufen und zu Hause einmal wirklich fürstlich speisen.

INFOBOX

Miethöhe:

Hochhausfaktor:

Einwohnerdichte:

Grünfläche:

Distanz zum Schlossturm: 13,4 km

Kneipendichte:

5 Urdenbach

Urdenbach ist der einzige Stadtteil, der nicht vor Hochwasser geschützt ist. Hier tritt der Rhein deshalb regelmäßig über die Ufer und überspült das Naturschutzgebiet Urdenbacher Kämpe. Bei normalem Rheinpegel kannst du über Kuhweiden und Obstwiesen am Rhein entlangspazieren – die Kämpe ist einer der beliebtesten Wanderwege.

Wohnen kannst du hier natürlich auch, sogar im Fachwerkhaus. Die Urdenbacher sind so solide wie ihre Häuser – sympathische Dörfler eben und meist Angehörige der älteren Generation.

zu Hause Park gemütlich Heimat wohnen

Der besondere Platz

Das Urdenbacher Wahrzeichen ist die **Böke Pomp** – ein alter Ziehbrunnen von 1874. Die Pomp befindet sich auf einem kleinen Platz an der Bücherstraße.

LETZTES ÜBERSCHWEMMUNGSGEBIET

1 2 3 STADTTEILREKORD

INFOBOX

Miethöhe:

Hochhausfaktor:

Einwohnerdichte:

Grünfläche:

Distanz zum Schlossturm: 16 km

Kneipendichte:

6 Hassels

Auch Hassels ist ein Wald-und-Wiesen-Stadtteil: Etwa die Hälfte der Fläche ist grün, gleich vier Wälder liegen in der Nähe. Hassels ist außerdem so weit von der Innenstadt entfernt, dass man eher in Benrath oder Hilden einkauft. Hier geht es sehr dörflich zu. Wenn du Naturliebhaber bist, ist das aber vielleicht auszuhalten.

Der besondere Platz

Das **Hasseler Försterhaus** mit Stallung steht heute unter Denkmalschutz. Du findest es am Schönenkamp, in der Nähe der Ortskirche.

INFOBOX

Miethöhe:

Hochhausfaktor:

Einwohnerdichte:

Grünfläche:

Distanz zum Schlossturm: 13 km

Kneipendichte:

GRÖßTES WALDAUFKOMMEN

1 2 3 STADTTEILREKORD

7 Itter

In Itter erwarten dich Bauernhöfe und Einfamilienhäuser der gehobenen Klasse. Schön ist Itter auch zum Wandern: Die Rheinauen laden dazu ein, den Tag im Grünen zu verbringen. Zeitweise wurde in Itter sogar Wein angebaut, die Produktion musste 2013 jedoch eingestellt werden. Ob es irgendwann wieder einen guten Tropfen aus Itter gibt, steht in den Sternen.

INFOBOX

Miethöhe:

Hochhausfaktor:

Einwohnerdichte:

Grünfläche:

Distanz zum Schlossturm: 9,9 km

Kneipendichte:

Und auch sonst gibt es hier eher wenig Besonderes. Sogar der namensgebende Itterbach wurde umgeleitet – um die Gärten von Schloss Benrath zu bewässern.

Der besondere Platz

St. Hubertus (Am Broichgraben 64) zählt zu den ältesten Kirchen der Stadt. Die romanische Basilika ist ein beliebter Ort zum Heiraten.

8 Himmelgeist

Himmelgeist ist etwa so schön, wie es klingt. Dörflich, ruhig und direkt am Rhein gelegen, ist es vor allem sonntägliches Ausflugsziel für viele Düsseldorfer. Himmelgeist klingt nach Dorf und sieht aus wie Dorf, ist aber in Wirklichkeit recht schick und teuer. Die Mieten sind hoch, aber kein Wunder, wenn man vor allem auf restaurierten und modernisierten Höfen wohnt. Von Dorfidylle und Rhein mal abgesehen, findest du in Himmelgeist auch das wunderbare Schloss Mickeln mit Park und Lindenallee.

zu Hause Park gemütlich Heimat wohnen

INFOBOX

Miethöhe:

Hochhausfaktor:

Einwohnerdichte:

Grünfläche:

Distanz zum Schlossturm: 8,7 km

Kneipendichte:

Der besondere Platz

Die **Himmelgeister Kastanie** im Rheinbogen ist einer von zwei deutschen Bäumen mit Postanschrift. Zuschriften werden vom Baumgeist persönlich beantwortet. Vielleicht hast du ja ein passendes Anliegen?

Baumgeist
Himmelgeister Kastanie
Kölner Weg
40589 Düsseldorf

EINZIGER BAUM MIT POSTANSCHRIFT

Stadtbezirk 10
(Garath, Hellerhof)

1 Garath

Garath ist das Düsseldorfer Marzahn: Es steht beinahe sinnbildlich für Plattenbauten und sozialen Wohnungsbau. Wenn du sagst, dass du in Garath wohnst, wird man dich entweder für sehr naiv oder wagemutig halten.

Leider wird oft vergessen, dass Garath am Altrhein liegt und eine durchaus beeindruckende

GRÖßTE PLATTENBAUDICHTE

Auenlandschaft zu bieten hat. Außerdem wird der Stadtteil durch seine Freizeitstätte deutlich aufgewertet, die einiges an Kultur in den Plattenbau bringt.

Der besondere Platz

Film, Theater, Kunst, Musik, Comedy – die **Freizeitstätte Garath** (Fritz-Erler-Str. 21) hat viel zu bieten. Neben den Kulturveranstaltungen kannst du auch zahlreiche Kurse besuchen, von Krabbelgruppe bis Seniorentreff.

INFOBOX

Miethöhe:

Hochhausfaktor:

Einwohnerdichte:

Grünfläche:

Distanz zum Schlossturm: 17,7 km

Kneipendichte:

2 Hellerhof

Der südlichste Düsseldorfer Stadtteil erhielt seinen Namen durch einen Reiterhof, der immer noch in Betrieb ist. Die Hellerhofer unterscheiden zwischen Hellerhof Ost und West, Grenze ist die S-Bahnlinie. In Hellerhof leben viele Familien. Gewerbe findest du hier kaum, allerdings auch so gut wie keine Geschäfte. Hellerhof ist ruhig, manche würden sogar sagen, verschlafen.

Der besondere Platz

Das **Hotte Hü** (Rudolf-Breitscheid-Str. 71) direkt am Hellerhof ist ein Restaurant mit hervorragendem Essen und Blick in die Reithalle. Bei gutem Wetter kannst du draußen an der Koppel sitzen.
www.restauranthottehü.de

INFOBOX

Miethöhe:

Hochhausfaktor:

Einwohnerdichte:

Grünfläche:

Distanz zum Schlossturm: 18,3 km

Kneipendichte:

F

Stra

Von
Von A nach B
hrrad
Fahrra
hrrad
Straße
Fahrrad
A
B
A
Hupe
Schiene
Stau
Straßenbahn
Stau
Straße
Straßenbahn
Stau
A
B

Fahrrad Stau Straßenbahn Hupe Schiene

Zu Fuß, mit dem Rad, dem Auto, der S-Bahn, der Straßenbahn, der Stadtbahn, dem Bus oder aber mit dem Flugzeug – unzählig scheinen die Möglichkeiten, die 217 km^2 große Landeshauptstadt Nordrhein-Westfalens zu durchqueren. Oder zu verlassen. Aber wer will das schon?

Zu Fuß

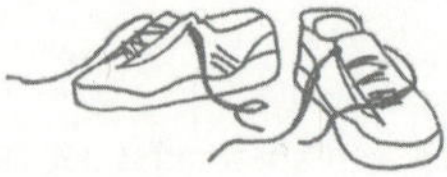

Einzelne Viertel lassen sich gut per pedes erkunden. Um zur Uni zu kommen, solltest du dir allerdings einen fahrbaren Untersatz besorgen. Im grünen Süden liegen – neben dem Uniklinikum – alle fünf Fakultäten, die Mensa, der Botanische Garten und was das Studiherz sonst noch so beglückt.

Soll ein neues Outfit her, nimm dir lieber einen Tag frei. Denn die Modestadt beherbergt nicht nur High Fashion-Labels, sondern auch junge Designer und Kreative. Richtig Spaß macht das Stöbern entlang der Ackerstraße. Shops der üblichen Verdächtigen reihen sich an der Shadowstraße und der Flinger Straße auf.

Falls sich beim ausgedehnten Shoppen der Absatz verabschiedet, muss sofort ein Schuster her: Zentral gelegen, bietet **Mister Minit** gleich an drei Standorten (Berliner Allee 52/Galeria Kaufhof, Königsallee 1-9/Kaufhof, Friedrichstr. 131) schnelle Abhilfe bei unansehnlichem Schuhwerk. www.misterminit.de

--> Shopsuche

Die **Maßschuhmacherei Jens Zapke** (Bismarckstr. 54) hilft, wenn es ganz schlimm ist. Der Besitzer versteht sein Handwerk und rettet deine Lieblingstreter. www.jens-zapke.de

Kniffelige Wiederbelebungen und Maßanfertigungen gelingen auch Nordin Haj Haddou vom Goldschuh oder besser: **Soulier d'or** (Beuthstr. 14). www.soulier-dor.com

Mit dem Rad

Entspannt setzen sich in Düsseldorf viele aufs Rad. Wenn du nicht gerade eine der hohen Brücken ansteuerst, ist es herrlich flach und es gibt fast überall Radwege. Da diese stetig ausgebaut werden, lohnt es sich, die kostenlose Netzkarte zu besorgen: in Büchereien, Bürgerbüros, beim Düsseldorf Marketing und im Fahrradhandel. Oder du lässt dir die fertige Route gleich vom **Radroutenplaner NRW** ausspucken. www.radroutenplaner.nrw.de

Abstellen darf man den Drahtesel überall – selbstredend verkehrssicher. Doch leider ist er manchmal nicht mehr da, wenn du zurückkommst. Deshalb raten die freundlichen Helfer zu einem polizeilichen Fahrradpass, den es auch als App gibt. Am besten ist es aber, das geliebte Rad codieren zu lassen, es immer an einem festen Gegenstand anzuschließen und nachts nicht draußen zu lassen.

In Bus und Bahn kannst du dein Rad kostenfrei mitnehmen, wenn du eines dieser Tickets besitzt: Ticket2000, YoungTicketPLUS, VRR-SemesterTicket oder SchülerTicket. Ansonsten kostet das Zusatzticket 3,10 Euro.

Kurz geborgt

Du hast kein eigenes Fahrrad oder die Fußballfreunde von früher kommen zu Besuch? Dann kannst du dir einfach Räder ausleihen.

10 Euro am Tag und 40 pro Woche kostet es beim **Fahrradverleih Düsseldorf** (Düsseldorfer Str. 36), gleich neben der Jugendherberge. www.fahrradverleih-duesseldorf.de

Stationen von **nextbike** findest du überall. Du musst dich nur einmal registrieren und kannst dann spontan losdüsen.
www.nextbike.de --> Standorte --> Düsseldorf

Call-a-bike am Hauptbahnhof funktioniert ähnlich, hat aber nicht ganz so viele Räder. www.callabike.de --> Räder finden --> Düsseldorf

Zwei komfortable Gazelle-Räder für je 8 Euro/24 Std. vermietet **Düsselrad** (Konkordiastr. 61). www.duesselrad.de

Der große Allrounder in Sachen Fahrrad ist die **Radstation** (Willi-Becker-Allee 8), ein bewachtes Parkhaus am Hauptbahnhof, das Arbeitslosen einen befristeten Job bietet. Mit Werkstatt, Reinigungsservice, gebrauchten Rädern und Verleih (u.a. E-Bikes, Tandems oder Anhänger). www.radstation-duesseldorf.de

Werkstätten und Läden

Manchmal fehlt mehr als eine Luftpumpe. Kundige Hilfe bei allen Wehwehchen, trendige Taschen, schmückende Blümchen oder ein fettes Schloss – was auch immer du für deinen treuen Begleiter brauchst, bieten diese Fachhändler:

Angermund

Crank Toys (Kirchweg 1): Der Fahrradprofi hat für nächtliche Pannen sogar einen Schlauchautomaten vor der Tür. www.cranktoys.de

Benrath

Zweiradhaus Benrath (Sophienstr. 10): Die Spezialisten für Hollandräder haben ständig gebrauchte im Sortiment. Ungewöhnlich sind die Organic Bikes aus Bambus. www.zweiradhaus-benrath.de

Düsseltal

re-Cycler (Herderstr. 26-28): Wie der Name verrät, hat man hier ein Herz für Oldtimer. Das Team kennt sich aber auch mit E-Bikes aus. www.re-cycler.de

Eller

ZweiRadHaus Eller (Klein Eller 58): Die Experten beantworten auch gern Fragen zu E-Bikes und Rollern. www.zweiradhaus-eller.de

Flingern

Manufaktur Myownbike (Birkenstr. 73): Hier findest du ausgefallene Designs in Form von puristisch schönen Singlespeed-Rädern oder Fixies – also Rädern ohne Gangschaltung. Die Kunden können alle Teile selbst aussuchen und kolorieren. Perfekt fürs Sehen und Gesehenwerden auf dem Rad. www.myownbike.de

Friedrichstadt

Rad ab (Friedrichstr. 112-116): Der Spezialist bietet Falträder, geleaste Jobräder und kann auch trendige Lastenräder (die mit der großen Transportbox) besorgen. www.radab.de

Garath

Fahrradhaus Garath (Peter-Behrens-Str. 93): Der Profi berät, repariert und nimmt Gebrauchte in Zahlung. www.fahrradhausgarath.de

Oberkassel

Fahrrad-Center Oberkassel (Quirinstr. 11): Alte Schätzchen werden hier wieder aufgepeppelt, du findest aber auch viel Neues im Programm. www.bikeclinic.de

Pempelfort

Bicycle Doctor (Derendorfer Str. 10-12): Morgens das Rad vorbeibringen und die Doktoren kümmern sich sofort darum. Wenn's mal länger dauert, gibt's ein Leihrad. www.bicycle-doctor.de

Fahrrad Müller (Blücherstr. 9): Ein Meisterbetrieb, der verkauft und repariert. Und das schon seit 1923. www.fahrrad-mueller.de

Drahtesel (Gneisenaustr. 23): Der Laden bietet einen flexiblen Hol- und Bring-Service. www.drahtesel-duesseldorf.de

Rath

Fahrrad Hartmann (Rather Broich 47): Bei Reparaturworkshops teilt der alteingesessene Profi Tricks. www.hartmann-franguelli.de

Unterbilk

Düsselrad (Konkordiastr. 61): Dieser Fahrradhändler ist ein Unikat. Hier baut Jojo Maes dein persönliches Düsselrad. Sein Tipp gegen Langfinger: farbige Felgen für einen hohen Wiedererkennungswert. www.duesselrad.de

Magno (Friedrichstr. 123): Die Adresse für ambitionierte Triathleten und Rennfahrer. www.magno.de

Unterrath

Zweirad-Lohrmann (Kleinschmitthauser Weg 9-11): Das Geschäft besteht seit über 90 Jahren. Viele Reparaturen werden innerhalb von 24 Stunden erledigt. www.2-radlohrmann.de

Zweirad Just (Mecklenburger Weg 1): Hier ist man auf persönlich angepasste Räder und ergonomische Beratung spezialisiert. www.zweirad-just.de

Zentrum

Jung & Volke (Jahnstr. 22-24): Ein Zweiradstudio, das Mountainbike- und Rennrad-Spezialteile führt. www.jung-volke.de

Lucky Bike (Aachener Str. 126, Friedrich-Ebert-Str. 16): Es gibt in Zentrumsnähe gleich zwei Filialen der Kette. www.lucky-bike.de

Westside24 (Liesegangstr. 17a): Das Mekka der Mountainbiker und Rennfahrer. www.westside24.de

WM-Bike (Kölner Str. 42): Ein Laden mit Tradition, der sogar Liegeräder im Programm hat. www.wm-bike.de

Ratingen

Brave Classics in Ratingen (Kaiserswerther Str. 16, nur einen Katzensprung von Düsseldorf entfernt): Der Laden hat ein Händchen für Retro- und Vintageräder, die mit tollen Gimmicks wie einer Flaschenhalterung aus Leder oder Weidenkörben kommen. Er bietet sogar ein limitiertes Fortunabike für Fußballfans und Sammler an.
www.braveclassics.com

> **Speziell für Studenten!**
> Am Campus setzt der AStA (Universitätsstr. 1) auf Selbsthilfe und öffnet dienstags von 15.00 bis 19.00 Uhr seine Radwerkstatt.
>
> www.asta.uni-duesseldorf.de
> --> Service
> --> Fahrradwerkstatt

Öffentliche Verkehrsmittel in Hülle und Fülle

Na, könntest du den Unterschied zwischen Straßenbahnen, Stadtbahnen und S-Bahnen erklären? Nicht? Da geht es dir vermutlich so wie sehr vielen Düsseldorfern. Und das, obwohl in der Landeshauptstadt schienenmäßig so einiges geht. Denn all diese öffentlichen Verkehrsmittel begegnen dir hier:

Die **Straßenbahnen** fahren für dich vom Hauptbahnhof sternförmig in alle Richtungen des Stadtgebiets. Du kommst mit ihnen bis Gerresheim im Osten, Ratingen und Rath im Norden, bis zum Medienhafen und Neuss im Westen sowie nach Benrath oder zum Botanischen Garten im Süden.

Die **Stadtbahnen** hingegen sind eine Art weiterentwickelte Straßenbahn. Sie fahren in Innenstadtnähe gerne unterirdisch und vor den Toren der Stadt, wo mehr Platz ist, oberirdisch. Von den sieben Stadtbahnlinien (die mit dem U vor der Zahl) verlassen lediglich zwei das Düsseldorfer Stadtgebiet nicht. Die anderen fünf bringen dich in Windeseile nach Meerbusch, Krefeld, Neuss und Duisburg.

Die zuständige Verkehrsgesellschaft für die Straßen- und Stadtbahnen ist die **Rheinbahn**. www.rheinbahn.de

Und die **S-Bahn**? Ihr voller Name ist Stadtschnellbahn. Sie verbindet die Region mit der Stadt oder, wie in Düsseldorf, die Städte untereinander und gehört zur Deutschen Bahn. So kannst du mit der S-Bahn beispielsweise von Düsseldorf nach Solingen, Bergisch Gladbach, Langenfeld oder zum Karster See kommen.

Busse gibt es hier natürlich auch. Ganze 92 Linien sind es, die dich niederflurig und barrierefrei in alle Teile Düsseldorfs und bis in die benachbarten Städte bringen. Das Netz des **Verkehrsverbundes Rhein-Ruhr** erstreckt sich von der holländischen Grenze bis Dortmund und vom südlichen Münsterland bis vor Leverkusen. Mit deinem gültigen Semesterticket beispielsweise hast du die freie Wahl. www.vrr.de --> Fahrten --> Bus und Bahn

Knotenpunkte für alle öffentlichen Verkehrsmittel sind Heinrich-Heine-Allee und Hauptbahnhof. Noch dominiert das Großprojekt der Wehrhahnlinie die City: An der 3,4 km langen Strecke wird emsig gebaut, was in der Altstadt öfter für Umleitungen sorgt. Wenn Ende 2015 alles fertig ist, werden einige Linien ersetzt und

du fährst richtig fix vom S-Bahnhof Wehrhahn nach Bilk. Aber auch die Nachbarstädte sind gut angebunden, zumindest tagsüber.

Nachtverkehr

Die Bürgersteige werden in der Altstadt spät hochgeklappt, an manchen Ecken überhaupt nicht. Damit Nachtschwärmer nicht den Anschluss verlieren, rufen die Rheinbahn-Fahrer zwischen 19.00 und 5.30 Uhr ein Taxi zur Zielhaltestelle. Einfach Bescheid sagen, wenn du in den Bus oder die Bahn einsteigst. Und beim Service „Halten auf Zuruf" stoppen die Busse, wenn möglich, zwischen den Haltestellen. NachtExpresse (Busse und U-Bahnen) fahren am Wochenende und vor Feiertagen zwischen 1.00 und 4.00 Uhr, einige im 30-Minuten-Takt, sonst stündlich.

s. „Feiern", S. 176

Tickets

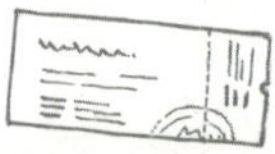

Ticketautomaten stehen an vielen Haltestellen sowie in den Bahnen selbst.

Studenten müssen über Fahrtkosten nicht nachdenken, denn ihr **Semesterticket** gilt für alle Nahverkehrsverbindungen in NRW, egal, ob Bus oder Regionalzug. Das Ticket ist im Semesterbeitrag enthalten und nicht übertragbar.

Montags bis freitags ab 19.00 Uhr und immer am Wochenende und an Feiertagen (den ganzen Tag) kann eine Person kostenlos im gesamten VRR-Gebiet über dein Semesterticket mitfahren. Auch die kostenlose Mitnahme deines Fahrrads ist mit dem Semesterticket in Stadtbahnen, Straßenbahnen und Bussen montags bis freitags ab 9.00 Uhr drin!

Noch ein kleines Bonbon: Inhaber des Semestertickets fahren günstiger mit dem Sammeltaxi! www.asta.uni-duesseldorf.de

--> Service --> Semesterticket

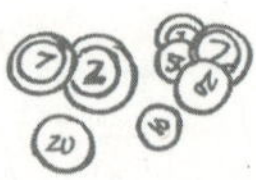

Touristen haben mit der **DüsseldorfCard** (ab 9 Euro) neben anderen Vergünstigungen auch freie Fahrt im Stadtgebiet; normale **Tages-Tickets** kosten ab 6,50 Euro und mit dem **HandyTicket** läuft der Ticketkauf bargeldlos.

Das **Ticket 2000** ist ein übertragbares Monatsticket und kostet aktuell 108,94 Euro. Es erlaubt die kostenlose Mitnahme des Fahrrads und deckt das gesamte VRR-Gebiet ab.

Das **Ticket 1000** ist für 101,88 Euro zu haben und die personenbezogene Variante des Tickets 2000. Es ist somit nicht auf andere übertragbar.

Das **Young Ticket** ist für Azubis, Volontäre und Praktikanten gedacht. Es kostet 89,28 Euro und ermöglicht die kostenlose Mitnahme des Fahrrads.

Auf den Namen **Schoko-Ticket** hört jenes für alle Schüler unter 25. In der Variante für 32,10 Euro darfst du damit durch ganz Düsseldorf-Nord und Düsseldorf-Süd cruisen, entscheidest du dich für die teurere Ausgabe für 48,60 Euro, kannst du dich im gesamten VRR-Gebiet frei bewegen. Infos zu allen Tickets gibt's unter: www.vrr.de

Selbst fahren

Der Rheinufertunnel trägt viel zur Verkehrsberuhigung bei, doch nervige Staus oder langes Rumkurven lassen sich nicht immer vermeiden – das haben Großstädte so an sich. In angesagten Vierteln wie Pempelfort oder Oberkassel ist die Parkplatzsuche abends kniffelig.

Fahrrad Stau Straßenbahn Hupe Schiene

Rund 13.500 Plätze sind derzeit an das Parkleitsystem angeschlossen und dynamische Wegweiser zeigen in der City an, wo was frei ist. Im Internet kannst du die Parkhausbelegung beim **Amt für Verkehrsmanagement** checken. Die öffentlichen Flächen sind in Zonen eingeteilt: Je nach Nähe zum Zentrum werden zwischen 25 und 95 Cent pro halber Stunde fällig. Am Vormittag ist es etwas günstiger. www.duesseldorf.de
--> Mit dem Auto --> Parken in Düsseldorf --> Parkleitsystem

Flexibel mit fahrbarem Untersatz unterwegs bist du mit dem Carsharing von **Car2Go** (Shop Liesegangstr. 13) oder **DriveNow** (Registrierungsstationen überall im Stadtgebiet, z.B. bei Sixt). Anders als bei den stationären Anbietern, die feste Standorte haben, sind deren Autos überall in der Stadt verteilt. Perfekt für kurze Strecken wie den Großeinkauf fürs Wochenende. www.car2go.com --> Düsseldorf
www.drive-now.com --> Städte --> Düsseldorf

Für längere Touren empfiehlt sich nach wie vor der klassische Autoverleih oder etwa Flinkster. www.flinkster.de
--> Flinkster finden --> Standorte --> Düsseldorf

Keine Lust auf Gewusel? Du kannst dein Gefährt kostenlos auf 19 **P+R-Plätzen** im Stadtgebiet abstellen und in die Öffis umsteigen.

Schiffsverkehr

Nicht unbedingt was für den Alltag, aber sehr zu empfehlen, ist der Blick vom Wasser aus. Es gibt mehrere Schiffsflotten, die u.a. Touren nach Duisburg oder Krefeld anbieten. Bei einigen Panoramafahrten sind neben neuen Ansichten auch Getränke inklusive, damit niemand mit trockener Kehle an der Altbierstadt entlangschippert.

Eine Zeitreise in nur vier Minuten gelingt ganz im Süden Düsseldorfs, wo eine Fähre im Viertelstundentakt die mittelalterliche **Zollfeste Zons** ansteuert. www.faehre-zons.de

Zur **Liebestour** wird die Verbindung zwischen Meerbusch-Langst und Kaiserswerth. Auf dieser Rheinfähre dürfen Liebesschlösser für immer und ewig angebracht werden. www.rhein-faehre.de

In luftigen Höhen

Vorbei die langen Fahrten zum Flughafen, von welchem es dann endlich Richtung Urlaub geht! In Düsseldorf sitzt du quasi direkt an der Startrampe. Einfach in die S 11 oder den SkyTrain steigen und du bist in Nullkommanix (oder auch 12 Minuten) dort, wo Urlaubsträume beginnen – an Deutschlands drittgrößtem Flughafen. Du kommst lieber mit dem Auto? Dann stell es am Flughafen-Parkplatz ab – zur Hauptsaison kosten acht Tage um die 35 Euro. Und schon kann es losgehen, nach Mallorca, Rom, London, Paris, Dublin oder Abu Dhabi. www.dus.com

endlich
Ess
lecker
lecker
lecker
mampf
Fast F
Restaurant
Restaura

Hunger? Hunger?
Hunger?
Hunger
Hunger
Hunger
Essen Essen
Essen Essen
mampf
ochen
Kochen
mampf
Essen
Hunger
Fast Food
Fast Food
Fast Food
Fast Food
mampf
endlich

Hunger? Hunger?

Essen zu Hause

endlich

Kochen

Bringdienst Pizza

ufen

Kochen

Pizza

Koche

Einkaufen

Einkaufen

Einkaufen

Einkaufen

Kochen

Einkaufen

Bringdienst

Die besten Feiern finden bekanntlich in der Küche statt. Hier beim letzten (dem allerletzten) Glas Rotwein morgens um vier mit Freunden zu versacken, hat schon was. Noch besser wird's, wenn man seine Freunde schon abends zum Kochen einlädt. Denn: Fachsimpeleien über den Einsatz chinesischer Bambus-Dampfkörbe oder Falttechniken für Bananenblätter können wahnsinnig unterhaltsam sein. Erlebnisgastronomie kann man eben auch in der eigenen Küche haben. Damit aus dem Abend in deiner Küche ein „Wisst ihr noch ...?" wird, liefern wir dir hier die besten Einkaufsadressen auch jenseits der üblichen Filialen.

Supermärkte

Sind Supermärkte wirklich eine besondere Empfehlung wert? Schließlich stehen sie doch an jeder Ecke. Sicher, allerdings gibt es in Düsseldorf zwei Exemplare, die ein ganz besonderes Sortiment haben bzw. strategisch einfach verdammt günstig positioniert sind:

Der **Edeka Zurheide** (Nürnberger Str. 40-42) ist eine Erwähnung wert, weil es sich dabei um einen der besten deutschen Supermärkte handelt. Der Laden räumt immer wieder Preise ab. Die Auswahl ist tatsächlich großartig und die Qualität ist es auch.
www.frischecenter-zurheide.de

Rewe (Carlsplatz 18) hält als letzter Supermarkt in der Düsseldorfer Altstadt die Stellung. Da die Filiale bis Mitternacht geöffnet hat, ist sie ein beliebter Anlaufpunkt für Feierwütige. Die Alkoholika sind hier natürlich günstiger als in den Clubs.

Frisches Grünzeug kommt in Düsseldorf, wenn du willst, auch per **Gemüsekiste** direkt zu dir nach Hause. Woher? Na, direkt vom Hof:
www.lammertzhof.info
www.hofamdeich.com
www.hofzurhellen.de

Bioläden

Düsseldorf hat nicht unbedingt den Ruf einer alternativen Öko-Stadt. Doch seitdem Bio so hip ist wie Power-Yoga, ist es auch in Düsseldorf angekommen. Ein paar erste Anlaufstellen sind diese:

Öko-Ketten

Fürs Bio-Shopping wie im Großmarkt solltest du zu **basic** (Friedrichstr. 73) gehen. Auf fast 1.000 m² bietet der Laden einfach alles, was das Bioherz begehrt. Frisches Brot und Brötchen im basic-Bistro sowie eine große Käse- und Fleischtheke runden das umfangreiche Angebot ab. www.basic-bio-genuss-fuer-alle.de
--> Unsere Märkte
--> Deutschland --> Düsseldorf

Der **SuperBioMarkt** ist in Düsseldorf gleich drei Mal vertreten: in Pempelfort (Nordstr. 82-84), Bilk (Aachener Str. 57) und Gerresheim (Benderstr. 43). Das größte Angebot gibt es in der Aachener Straße. www.superbiomarkt.de

Kleinere Bioläden

Es gibt natürlich viele kleinere Bioläden, in denen du nicht nur deine Einkäufe, sondern auch noch etwas Peace, Love and Understanding bekommst. Besonders hervorzuheben sind diese:

Die **Ökologische Marktwirtschaft** (kurz: Öko-Ma, Heerstr. 19) wirkt mit ihrem Do-it-yourself-Mosaikboden und ihren Sitzgelegenheiten im Laden schon beim Reinkommen ziemlich einladend. Das kleine

Geschäft bietet eine nicht ganz so umfangreiche, aber feine Bio-Produktpalette mit viel frischem und regionalem Obst und Gemüse. Wer will, kann sich per Monatspauschale am Laden beteiligen und bekommt Rabatte. www.oekoma.de

Im **Hof am Deich** (Niederlöricker Str. 50a) gibt es, wie der Name vermuten lässt, Bio direkt vom Hof. Noch schöner als die (völlig ausreichende) Bio-Produktpalette sind die samstäglichen Hofführungen und die Möglichkeit, sich eine eigene Gemüseparzelle zu mieten. www.hofamdeich.com

Der **Bioraum** (Diepenstr. 15) befindet sich auf dem Gelände der Düsseldorfer Waldorfschule. Dort gibt es alles, was man so zum täglichen Bio-Leben braucht und auch eine Auswahl an Demeter-Weinen. www.bioraum-duesseldorf.de

Märkte

Der **Markt am Carlsplatz** ist die beste Adresse für Hobbyköche (so sagt man jedenfalls). In der Tat bestechen die überdachten Stände mit einer großen Auswahl teils ungewöhnlicher Produkte. Und das Beste: Sie bieten ihre Waren täglich (außer sonntags) an. www.carlsplatz.de

Von März bis November kannst du außerdem an einem Sonntag im Monat den **Düsseldorfer Fischmarkt** am Tonhallenufer (Joseph-Beuys-Ufer 33) besuchen. www.rheinlust.de --> Veranstaltungen --> Fischmarkt --> Düsseldorf

Aber auch die städtischen Wochenmärkte haben einiges zu bieten. Auf je zwei Stadtteile kommt in Düsseldorf etwa ein Wochenmarkt, also gibt es sicher auch einen in deiner Nähe.

Eine Übersicht aller Wochenmärkte liefert dir unser Marktstand auf den Seiten 82-83.

Wochen

Alte Flughafenstraße
Lohausen
Mi 7.00–13.00 Uhr

Ahnfeldplatz
Düsseltal
Do & Sa
7.00–13.00 Uhr

Angermunder Straße
Im Großen Winkel
Angermund
Fr 7.00–14.00 Uhr

Barbarossaplatz
Oberkassel
Di & Fr 7.00 Uhr
bis Ladenschluss

Breidenplatz
Unterbach
Do 7.00–13.00 Uhr

De Blääk
Hamm (Ortszentrum)
Fr 7.00–14.00 Uhr

Dickhausweg
Lichtenbroich
Sa 7.00–13.00 Uhr

Eisenstraße
Oberbilk
an allen Werktagen
7.00 Uhr bis
Ladenschluss

Fürstenplatz
Bilk
Mi & Sa 7.00–13.00 Uhr

Gertrudisplatz
Eller
an allen Werktagen
7.00 Uhr bis Ladenschluss

Hauptstraße
Benrath
an allen Werktagen
7.00 Uhr bis Ladenschluss

Hermannplatz
Flingern
Sa 7.00–13.00 Uhr

ärkte

endlich

Hermann-Schauten-Weg
Einbrungen
Sa 8.00–14.00 Uhr

Hülsmeyerplatz
Rath
Di & Sa 7.00 Uhr
bis Ladenschluss

Kamper Acker
Bonner Straße
Holthausen, Mi & Fr
8.00–18.00 Uhr

Münsterplatz
Derendorf
Di 8.00–14.00 Uhr
Fr 8.00–18.00 Uhr

Kirchplatz
Unterbilk
an allen Werktagen
7.00 Uhr bis Ladenschluss

Neusser Tor
Gerresheim
Di, Do & Sa 7.00 Uhr
bis Ladenschluss

Nikolaus-Groß-Platz
Garath, Di & Fr
7.00–13.00 Uhr

Oberrather Straße
Dachsbergweg
Oberrath
Sa 7.00–13.00 Uhr

Niederkasseler Lohweg
Lörick, Mi 7.00 Uhr
bis Ladenschluss,
Sa 7.00–13.00 Uhr

Siegstraße
Bilk
Di & Fr
7.00–13.00 Uhr

Unterrather Straße
Unterrath
Mi & Sa 7.00–13.00 Uhr

Rochusmarkt
Pempelfort
an allen Werktagen
7.00 Uhr bis Ladenschluss

Quadenhofstraße
Gerresheim
Fr 7.00–13.00 Uhr

endlich Düsseldorf endlich
endlich Düsseldorf

Besondere Einkaufstipps

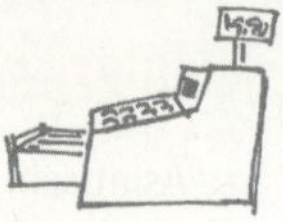

Brot & Brötchen

Wenn du das Sortiment der üblichen Backshops bereits auswendig kennst oder deine Sonntagsbrötchen schon seit Jahren beim gleichen Bäcker holst, wird es möglicherweise Zeit für etwas Neues:

Hinkel ist schlichtweg der Düsseldorfer Traditionsbäcker ohne Wenn und Aber. Er ist in der Innenstadt gleich zweimal vertreten (Hohe Str. 31, Mittelstr. 25) und trotz langen Schlangestehens einfach unschlagbar – vor allem wenn es um deftige Brote mit knuspriger Kruste geht. Besonders beliebt: das Senfkrustenbrot. www.baeckerei-hinkel.de

Gleich um die Ecke befindet sich mit **Bastians** (Carlsplatz 24) die härteste Konkurrenz. Hier geht es manchmal eher mediterran als deftig zu und zwischen die Krustenbrote schleicht sich schon mal die ein oder andere Focaccia. www.bastians-baecker.de

Die **Hercules Vollkornmühlenbäckerei** (Ulmenstr. 120) ist der wohl beste Bio-Bäcker der Stadt. Das Mehl wird hier noch selbst gemahlen und zu sagenhaft leckeren Backwaren verarbeitet. www.hercules-baeckerei.de

International einkaufen

Asiatisch, Arabisch, Indisch, Türkisch oder Crossover? Für exotisch-kulinarische Seitensprünge solltest du einmal hier vorbeischauen:

Asiatisch

Generell sind Immermannstraße und Umgebung eine gute Adresse für die Fernostküche. Besonders zu empfehlen sind diese Läden:

Im **Dae-Yang** (Immermannstr. 21) gibt es eine große Auswahl asiatischer Köstlichkeiten. Die Fischtheke bietet die Sushi-Hauptzutaten und auch alles andere an Röllchenzubehör findet man im Laden. Außerdem Getränke, Süßigkeiten, frisches Gemüse und noch viel mehr. www.dae-yang.de

Die Alternative dazu ist **Ho's Supermarket** (Friedrich-Ebert-Str. 20). Bei Ho bekommst du den ganzen Asia-Wahnsinn: von Lebensmitteln über Reiskocher bis zu Winkekatzen. Unter roten Lampions triffst du auf gut gefüllte Kühltheken mit frischem Gemüse und natürlich auch auf jede Menge Trockennahrung.

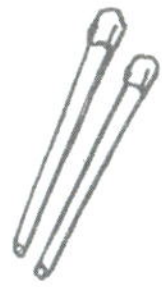

Die **Bakery My Heart** (Marienstr. 26) bietet japanische Backwaren aller Art: Melonpan, Dangos, Anpan, Brötchen mit Maronenfüllung, japanische Sandwiches – hier schmeckt alles köstlich. Einfaches Weißbrot bekommst du aber auch.

Italienisch

Das **Centro Soriano** (Ackerstr. 105, Nordstr. 28) versorgt dich in zwei Filialen mit italienischen Kochzutaten. Von Antipasti bis Wein ist alles vorhanden, ungewöhnliche Nudelsorten wie die „Säulen von Pompeji" sind das Highlight des Ladens.
www.centro-soriano.de

Gleich eine Fabrikhalle voller Dolce Vita bekommst du bei **Lettinis** (Jahnstr. 36). Die Halle selbst mit ihren großen Fenstern ist schon einen Besuch wert, das Angebot ist es sowieso. Nur Vorsicht bei kleinem Budget – Lettinis ist nicht ganz günstig.
www.lettinis.de

Türkisch

Der **Kömüscü Market** (Worringer Str. 104), gleich am Worringer Platz, bietet eine große Auswahl türkischer Produkte, die sich gern bis vor die Tür stapeln. Der Markt ist optimal gelegen, wenn du auf dem Weg vom Bahnhof nach Hause noch schnell etwas einkaufen willst.

Marokkanisch

Marokkanische Spezialitäten gibt es im **Nador Markt** (Linienstr. 7). Neben Obst, Gemüse und nordafrikanischen Spezialitäten führt der Laden außerdem auch ein paar deutsche Produkte.

Indisch

Im **Transfood** (Ackerstr. 30) findest du alle Zutaten für die indische Küche. Viele preisgünstige Gewürzbeutelchen, Linsen in allen Formen und Farben sowie Früchte, deren Namen du bestimmt noch nie gehört hast. Der nette Besitzer verrät dir aber gerne, was sich dahinter verbirgt.

UK und USA

AB Foods (Corneliusstr. 45) bietet eine kleine Auswahl britischer und amerikanischer Produkte. Der Laden kommt sehr puristisch und manchmal etwas leer daher. Eine Dose Heinz Beanz für den Britjunkie findet sich aber immer. www.ab-foods.de

Spanisch

Der **Spanische Garten** (Neumannstr. 2, Halle 27) ist der Großhändler, bei dem auch einige Düsseldorfer Gastronome einkaufen. In der riesigen Halle findest du ein Weinsortiment, das keine Wünsche offen lässt, aber natürlich auch Käse, Fleisch und Oliven. www.spanischer-garten.de

Bei **Pérez** (Kaiserstr. 34a) ist das Angebot im Vergleich eher übersichtlich. Der Laden ist klein, aber gemütlich und die Weinauswahl ist auf keinen Fall zu verachten. Außerdem findest du hier den berühmten andalusischen Schinken aus Trevélez.

Fisch

Einmal Barracuda probieren? **Nikolaou** (Heesenstr. 90) hat den und viele andere Nordsee-, Mittelmeer- und exotische Fische im Sortiment. Außerdem Wein und Feinkost. www.nikolaou-feinkost.de

Den **Fischhändler Pahlke** findet man auf dem Markt am Carlsplatz und in Gerresheim (Benderstr. 67). An beiden Standorten gibt es Fische aller Arten und Pahlkes legendären Matjes. www.fisch-pahlke.de

Die **Trattoria del Pesce** (Morper Str. 16) ist eine Kombination aus Fischrestaurant und -theke. Am besten also gleich beim Einkauf nach der richtigen Zubereitung oder neuen Rezepten fragen. http://trattoria-del-pesce.de

Vegan

Der **Pfau** (Elisabethstr. 54a) trägt das Tier nur im Namen, denn der Laden selbst ist frei von tierischen Produkten. Die Auswahl ist nicht riesig, aber fein. Und du findest hier vieles, was man sonst oft nur online bekommt, z.B. „Vleischsalat vom Tofutier".
www.pfau-duesseldorf.de

Schokolade

Das **Gut & Gerne** (Burgplatz 3-5) liegt in der Altstadt und ist der wohl schönste Pralinenladen der Stadt. Im Schaufenster plätschert ein Schokobrunnen, drinnen stehen üppig mit Trüffeln und Pralinen gefüllte Glasvitrinen und direkt nebenan gibt's ein kleines Café, in dem man grandiosen handgerührten Kakao bekommt.
www.schokoladenfachgeschaeft.de

Das Sortiment des **Schocoladens** (Friedhofstr. 5) in Benrath umfasst Schokolade und Pralinen in allen erdenklichen Formen. Im angeschlossenen Café kannst du dir eine „Benrather Schlossschokolade" bestellen – bestäubt mit 23-Karat-Blattgold. Schick, oder?
www.js-schokoladen.de

Lass es dir bringen

Du bist schon umgezogen, aber die Einbauküche ist noch nicht da? War der Tag mal wieder zu lang (oder die Nacht zu kurz)? Dann ist es an der Zeit, die Füße hochzulegen und dich einfach beliefern zu lassen!

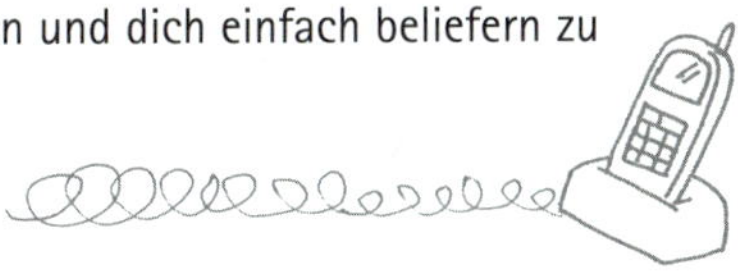

Pizza & Pasta

Der Stellungskrieg zwischen den Knusperboden-Fans, die amerikanisch dicke Böden für einen Verrat an der Pizza halten und denen, die noch Käse im Pizzarand wollen, dauert an. Hier eine Auswahl für beide Seiten:

Hallo Pizza! (Rethelstr. 98, u.a.) ist etwas für die Amerika-Liebhaber: saftige Böden und dicke Beläge. Der Bringdienst beliefert ganz Düsseldorf mit dem American Way of Pizza. Wraps und ein paar Baguettes findest du hier auch. www.hallopizza.de --> Bestellen --> Düsseldorf

Il Carretto (Grafenberger Allee 360) versorgt dich mit italienischen Knusperböden, Pasta, Fleisch, Fisch und Salaten. Dank Sparmenüs muss die Bestellung nicht viel kosten. www.pizzeria-duesseldorf.de

Trotz des Namens liefert die **Pizzeria Malibu** (Heyestr. 114) ebenfalls in erster Linie Italienisches. Von den leckeren (und günstigen) Pizzen aus dem Steinofen mal abgesehen, bekommst du hier auch Schnitzel und Baguettes. www.pizzeria-malibu.de

Asia

Der **Wokboy** (Gladbacher Str. 8) bietet eine umfangreiche Speisekarte mit Nudeln, Reis, Fleisch, Fisch und Garnelen. Vegetarier werden ebenfalls bestens versorgt. Kaum bestellt, kommt das Essen fix (und warm) bei dir an und günstig ist es auch noch. www.wokboy-online.de

Jade (Dürener Str. 42) ist der Grüne unter den Chinesen. Vegetarisches und veganes Essen, etwas anderes kommt nicht in die Lieferbox! Auch Gerichte mit mediterranem Einschlag stehen auf dem Programm – natürlich mit Bio-Fusilli. www.jade-imbiss.de

Vietnamesisches Couchessen mit duftendem Reis und knackigem Gemüse findest du bei **Cho** (Roßstr. 1a). Frische Kräuter wie Minze und Thai-Basilikum runden die exotischen Gerichte perfekt ab. Außerdem gibt's hier täglich wechselnde Mittagsangebote. www.cho-duesseldorf.de

Sushi

Das Sushitaxi von **Man Thei** (Bachstr. 1) bringt dir fertig zusammengestellte Menüs in verschiedensten Größen, Farben und Formen. Ein komplett vegetarisches ist auch dabei. www.sushitaxi.de

Liefersushi (Hammer Str. 19) bietet keine vorgefertigten Menüs, sondern lässt dich jedes Röllchen einzeln in den Warenkorb packen. Das dauert zwar etwas, aber das Ergebnis entspricht dann auch zu 100% deinem Geschmack. www.liefersushi.de

Die **Bento Box** (Berger Str. 35) überrascht mit eigenen Sushi-Kreationen: Die Makis mit Limette, Philadelphia oder Pflaumenpaste sind ein kulinarisches Erlebnis. Zum Nachtisch am besten das Grüntee-Eis bestellen. www.bentobox.de --> Lieferservice
--> Düsseldorf

Indisch

Das **Ganesha** (Luisenstr. 3) liefert dir die tägliche Portion Tandoor-Gerichte: wunderbare Currys, frisch aus dem Ofen. Manchmal muss man mit den Lieferanten ein bisschen Geduld haben, aber das Warten lohnt sich. Im Ganesha wird nämlich tatsächlich im Steinofen gegart. www.ganesha-duesseldorf.de

Griechisch

Taverna Olympia (Himmelgeister Str. 8) liefert Bifteki, Souflaki und Co. sowie fünf verschiedene Sorten Gyros. Das allgegenwärtige Schnitzel bekommst du hier auch, sogar in griechischer Ausführung mit Metaxasoße. www.taverna-olympia.com

Das **Syrtaki** (Vennhauser Allee 226) ist ein Restaurant, das auch in wirklich guter Qualität zu dir nach Hause liefert. Geworben wird mit Grillteller und Tzatziki, aber auch die hauseigene Knoblauchsoße hat es in sich. www.syrtaki-duesseldorf.de

Für Unentschlossene und Allesfresser

Chinesisch? Indisch? Italienisch? Wenn sich die Couchgesellschaft wieder nicht entscheiden kann, einfach mal hier gucken:

La Duck (Emmastr. 3-5) liefert Indisches, Burger, Pizza, Pasta, Wraps und Ciabatta. Perfekt für Multikulti-Bedürfnisse. Ganz einmalig ist außerdem die „Pizza Düsseldorf" mit Lachs und Spinat. www.pizzaladuck.de

Pronto (Benzstr. 12) bietet sogar noch mehr Auswahl: Amerikanisch, Griechisch, Italienisch, Indisch und ein paar Schnitzel sind dabei. Besonders günstig kommt das Burgermenü aus Burger, Pommes, Salat und Cola. www.prontoduesseldorf.de

Auch **Miami** (Büllenkothenweg 1) lässt keine Wünsche offen. Hier wird nicht nur zwischen Pizza, Chicken Wings und Schnitzel, sondern auch zwischen Chinesisch und Thailändisch unterschieden. Montags bis freitags (außer an Feiertagen) erhältst du zwischen 11.00 und 14.00 Uhr auf alle Speisen sogar 15% Rabatt. www.pizzamiami-duesseldorf.de

Hunger? Hunger?

Essen unterwegs

Schnell und auf die Hand

Meistens überfällt einen der Hunger genau dann, wenn man unterwegs ist und ihn so gar nicht gebrauchen kann. Jetzt muss es schnell gehen und idealerweise noch lecker sein. Beides zu vereinen klappt am besten hier:

Döner

Dönerläden gibt es in Düsseldorf wie Kies am Rhein. Die meisten scharen sich um den Worringer Platz und den Bahnhof. Deinen Weg durch den Kebabwald musst du dir natürlich selbst suchen, aber ein paar gute Adressen für den ersten Testlauf liefern wir dir schon mal:

„Unser Döner schmeckt super, mit Soße spitze!" Den Werbespruch von **Yede-Gör** (Worringer Platz 8) kennt wohl jeder Düsseldorfer. Die Bedienung ist schnell und freundlich, nur sitzt man hier nicht so schön. Aber ein Döner isst sich ja eh am leckersten unterwegs.

Dene & Gör (Graf-Adolf-Str. 58) ist nicht nur durch seinen Namen der größte Yede-Gör-Konkurrent, sondern auch seine gefüllten Fladenbrot-Hälften machen was her. Die Bedienung ist ebenfalls schnell, die Preise sind angemessen.

Ansonsten ist das **Saray** (Worringer Str. 103) auch immer eine gute Döner-Adresse. Unten gibt's den Imbiss, oben kann man sich setzen. Der Laden hat 24/7 geöffnet – hier bist du also wirklich immer willkommen. www.saray-restaurant.com

Wok

Asiatisch geht schnell, kommt meist in schicken Pappbehältern daher und hat sogar oft noch den Anschein, einigermaßen gesund oder wenigstens gut fürs Karma zu sein. Die beliebtesten Düsseldorfer Anlaufstellen sind diese hier:

Im **Chop Chop** (Bolker Str. 7) erwartet dich eine umfangreiche Karte mit Gerichten zu fairen Preisen. Mittags ist es günstiger als abends, aber natürlich nicht weniger lecker. Bei gutem Wetter kannst du draußen sitzen – mitten im Altstadttreiben.
www.chop-chop.net

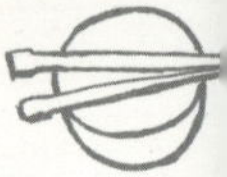

Der **Asia Wok** (Derendorfer Str. 78) macht ebenfalls solide Vietnam- und Thai-Küche. Die Einrichtung lädt nicht unbedingt zum Verweilen ein, aber dafür ist das Essen ja zum Mitnehmen. Und der Hofgarten ist auch nicht weit. www.asia-wok-pempelfort.de

Das **Thaido** (Burgplatz 1) gehört zur ersten Anlaufstelle für den Mitternachtssnack in der Altstadt, ist aber auch tagsüber ein guter Ort für den Imbiss mit Pappbox und Stäbchen. Im Sommer gibt's draußen Sitzplätze mit Blick auf den Schlossturm.

Currywurst & Pommes

Viele vertrauen auch in Düsseldorf auf rot-gelbe Reklame, aber besonders gut bis handgeschnitzt sind die Pommes hier:

In der Altstadt haben **Fritz & Friends** (Hunsrückenstr. 41) das unangefochtene Fritten-Monopol. Die Pommes sind hier noch schön dick und kartoffelig und dabei gar nicht teuer. Heißt aber auch: lange Schlangen bei Tag und leider auch bei Nacht.

Die **fritte** (Ackerstr. 181) ist eine Art Deluxe-Pommesbude. Am rustikalen Holztisch isst man außer den frittierten Stäbchen auch Veggie-Burger, Suppen und Salate – natürlich alles auch zum Mitnehmen. Die Preise sind allerdings ebenfalls deluxe.
www.fritte-flingern.de

Space Burger (Neustr. 41, Pfalzstr. 15) klingt zwar futuristisch, drinnen erwarten dich aber Retro-Tapeten und Perlenvorhänge.

Egal, denn die vielfältigen Burgervariationen sind intergalaktisch gut (auch die vegetarischen). www.spaceburger.eu

Das **Richie'n Rose** (Konkordiastr. 89) ist der Burger-Palast der Stadt. Es gibt Burger in zig Variationen und (Achtung!) Süßkartoffel-Fritten! Manchmal geht es allerdings ziemlich hektisch zu – der Laden ist nämlich meist voll und setzt auf Selbstbedienung. www.richienrose.de

Sandwiches

Wer sich nach New York sehnt, wird sich in der **East Village Eatery** (Schießstr. 43, Fischerstr. 1) wie zu Hause fühlen: Sandwiches, Muffins und jede Menge amerikanisches Großstadtgefühl. www.eastvillageeatery.de

Bei den **Kaffeepiraten** (Neusser Str. 121, Hansaallee 113) geht es entspannter zu. Es gibt Currys, Sandwiches, Bagels – und das alles ohne künstliche Zusatzstoffe. www.kaffeepiraten.eu

Ăn Bánh Mì (Ackerstr. 129, Friedenstr. 65) macht vietnamesisches Streetfood: zwei Brothälften mit allerlei Köstlichkeiten dazwischen. Baguette meets Zitronengras. Unbedingt probieren!

Suppe

Suppenkasper und Detox-Jünger werden in Düsseldorf ebenfalls fündig. Sowohl rechts als auch links des Rheins gibt es Suppenversorger:

Die **Löffelbar** (Tussmannstr. 3) könnte man als „Suppenlounge" bezeichnen. Stell dir einen Club mit Suppen statt Cocktails vor. Das ist es. Gut und lange frühstücken (bis 16.00 Uhr) kann man hier auch. www.loeffelbar.de

Quietschbunt und ganz schön retro ist es im **Suppenwerk** (Wiesenstr. 32). Die Suppen hingegen kommen frisch (und frei von Zusatzstoffen) daher. Wer es nicht so bunt mag, kann den flüssigen Imbiss auch einfach mitnehmen. www.suppenwerk.de

Alles auf einmal

Den einen großen „Fresstempel" gibt es in Düsseldorf nicht. Immerhin findet man aber kleine „Fresstempelchen" in den Einkaufszentren der Stadt, die jeweils etwa so viel Imbiss-Auswahl bieten, wie ein großer Bahnhof. In den **Schadow-Arkaden** (Schadowstr. 11), in der **delikatessa im Carschhaus** (Heinrich-Heine-Platz 1) und im **SEVENS Home of Saturn** (Königsallee 56) werden die meisten kulinarischen Wünsche befriedigt.

Mittagspause

Besonders günstig lässt es sich (auch als Nicht-Student) natürlich in der **Mensa** zu Mittag essen – die Preise sind kaum zu schlagen. Hin und wieder kann das Mensa-Essen sicher auch geschmacklich überzeugen. Den aktuellen Speiseplan aller Düsseldorfer Mensen und die einzelnen Adressen findest du online oder über die Mensa-App des Studentenwerks. www.studentenwerk-duesseldorf.de

--> Gastronomie --> Speisepläne

Düsseldorf bietet allerdings genug Alternativen zum Mensagang. Besonders gut ist der Mittagstisch zum Beispiel hier:

Im **Uerige** (Berger Str. 1) kann man futtern wie bei Muttern. Es gibt belegte Brötchen und ein warmes Tagesgericht – samstags immer die beliebte Erbsensuppe. www.uerige.de

Deutsche und exotische, täglich wechselnde Gerichte bringen die **Pepperchiefs** (Ackerstr. 47) auf den Teller. Vorspeise, Hauptgang und Nachtisch sind außerordentlich lecker und kosten nicht viel.

Den mediterranen Mittagstisch bekommst du im **Agave** (Neusser Str. 47). Das Drei-Gänge-Menü ist preislich kaum zu schlagen und bei schönem Wetter kann man sogar draußen sitzen. www.agave-restaurant.de

Noch günstiger und oft recht gut kannst du auch in den Düsseldorfer Kantinen speisen. Die Politiker des Landes trifft man im **Bistro EssArt**, der Kantine des Landtags (Platz des Landtages 1). Hier gibt es außerdem Rheinblick zum Nachtisch. www.bistroessart.de

Die **Casino Kräuterküche** befindet sich passenderweise im Umweltministerium (Schwannstr. 3) und bietet häufig Vegetarisches. www.casino-kräuterküche.com

Gutbürgerlich geht es in der **Kantine des Polizeipräsidiums** (Jürgensplatz 5-7) zu. Wer am liebsten Schnitzel und Co. verspachtelt und nicht auf Fahndungslisten steht, sollte hier vorbeischauen.
www.polizei-nrw.de/duesseldorf --> kontakte --> kantine

Internationale & rheinische Küche

Rheinisch und Gutbürgerlich

Das **Benders Marie** (Andreasstr. 13) gibt es unter wechselnden Namen schon seit fast 400 Jahren. Die Traditionsgaststätte in der Altstadt ist ein beliebter Vereinstreffpunkt und vor allem für ihre Muschelgerichte und tellerüberlappenden Schnitzel bekannt.
www.benders-marie.de

Rheinische Küche mit Großstadtschick serviert das **Schlösser Quartier Bohème** (Ratinger Str. 25). Abends verwandelt sich das Restaurant in einen der angesagtesten Nachtclubs.
www.quartierboheme.com

Was wäre Düsseldorf ohne sein Altbier? Die **Brauerei Schumacher** (Oststr. 123, Bolker Str. 44, Kurze Str. 2a) sorgt seit fast 200 Jahren nicht nur fürs Bier, sondern auch für zünftige Kost. Mit Alt, Halwe Hahn und Flönz fühlt sich der Rheinländer hier sehr wohl.
www.schumacher-alt.de

Italienisch

Jeder hat so seinen Lieblingsitaliener. Meist handelt es sich dabei um eine langjährige Beziehung, die mit jeder guten Portion Pasta

inniger wird. Eine große Menge Beziehungspotenzial besitzen diese Läden:

In der Trattoria **Da Giacomo** (Neusser Tor 17a) erlebst du eine gehörige Prise südländisches Temperament. Die Kellner reden laut miteinander und mit ihren Gästen, aber nie so, dass es stört. Im Gegenteil: Gemütlich ist es hier, gut schmeckt es auch und im Sommer sitzt man draußen unter Bäumen. www.da-giacomo.de

Perla Porto (Speditionsstr. 15) liegt direkt am Düsseldorfer Medienhafen und verbindet elegante Einrichtung mit gutem Service und einer umfangreichen Karte. Besonders zu empfehlen: der herzerwärmende Risotto. www.perla-porto.de

Das linksrheinische **Amici** (Löricker Str. 1) gilt nicht nur als einer der besten Italiener, sondern überhaupt als eines der besten gehobenen Restaurants in Düsseldorf. Gehoben sind auch die Preise, aber für die hervorragenden Gerichte bezahlt man gern etwas mehr. www.ristorante-amici-duesseldorf.de

Griechisch

Im **Syrtaki** (Vennhauser Allee 226) gibt es gute und reichliche Portionen. Die Speisen sind genauso rustikal-bodenständig wie das Interieur und die Preise. www.syrtaki-duesseldorf.de

Die **Taverne Pegasos** (Kirchfeldstr. 50) ist der In-Grieche Düsseldorfs. Seit 30 Jahren gibt es die Taverne bereits und sie scheint immer noch besser zu werden. Gutes Essen mit netter Bedienung in urig-gemütlicher Atmosphäre. Reservieren zahlt sich aus. www.taverne-pegasos.com

Richtig edel kannst du in der **Taverna Toxotis** (Kaiserswerther Str. 402) tafeln. Die Einrichtung erinnert an griechische Tempel – so kann man die Rechnung vielleicht als Götteropfer betrachten. www.taverna-toxotis.de

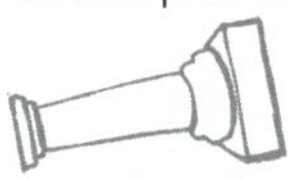

Französisch

Roberts Bistro (Wupperstr. 2) ist eine Instanz in Düsseldorf. Französische Bistroküche – darunter vesteht man hier kein Baguette au fromage, sondern Hirschrücken und gratinierte Himbeeren. www.robertsbistro.de

Le Chat Noir (Hermannsstr. 29) transportiert mit seiner liebevollen Einrichtung das Flair eines Pariser Bistros. Die Küche bezeichnet sich selbst als raffiniert-unkompliziert. Die Bedienung ist es auf jeden Fall. www.chat-noir-duesseldorf.de

Wie im Wohnzimmer sitzt du bei **Le Doc** (Sternstr. 68): etwas urig und sehr gemütlich. Die Speisekarte ist übersichtlich, die Preise sind eher gehoben. Dafür gibt es jedoch zarte Filets, richtig guten Wein und zuvorkommendes Personal. www.le-doc.de

Mexikanisch

Sowohl im **El Paso** (Roßstr. 32) als auch im **Los Locos** (Ludenberger Str. 39) bekommst du üppige Portionen feuriger Speisen. Bekannter sind beide Lokalitäten aber für ihre Cocktailkarte.
www.el-paso-restaurant.de www.myloslocos.de

Sehr viel uriger sitzt man im **Pssst Bandido** (Adersstr. 46): wie im Pueblo, zwischen Stierschädeln an grob verputzten Wänden. Nicht nur das Ambiente, auch das Essen ist authentisch – und lecker sowieso. www.pssst-bandido.de

Die **Casita Mexicana** (Bilker Allee 128, Beuthstr. 1) serviert altbekannte Tex-Mex-Gerichte, die aber absolut frisch und lecker daherkommen. Toll ist vor allem der Mix-Teller, mit dem du alle Gerichte auf einmal probieren kannst. www.casitamexicana.eu

Spanisch

In der Altstadt gibt es mit der **Schneider-Wibbel-Gasse** eine wahre Hochburg spanischer Restaurants. Zu beiden Seiten der kleinen Gasse reihen sich die Lokalitäten aneinander. Hier ist man überall gut aufgehoben – nicht zuletzt, weil die meisten Restaurants dem gleichen Inhaber gehören.

Auch das **Café Madrid** (Bolker Str. 23-25) gehört zum Imperium, ist aber hervorzuheben, weil es hier etwas leichtere Küche und besonders gute Tapas gibt. In diesem Café wird auch unter den Gästen Spanisch gesprochen – ein gutes Zeichen. Frühstücken wie in Spanien kannst du auch. www.primolopez.de --> Café Madrid

Etwas außerhalb liegt **La Copita** (Nordstr. 52). Spanische Gitarrenklänge untermalen das hervorragende Essen und in der Tapas-Karte finden sich auch Vegetarier zurecht. www.lacopita.de

Linksrheinisch kannst du ebenfalls tafeln wie in Spanien: Die **Casa Galicia** (Oberkasseler Str. 37) serviert Tapas und Co. in rustikalem Ambiente. Die Preise lassen auch Rechtsrheiner nicht gleich erblassen. www.casa-galicia.de

Indisch

Wirklich charmanter Service erwartet dich im **Mayur** (Hohe Str. 2). Der Sitzraum ist etwas groß und „hallig", doch das wunderbare Essen aus dem Lehmofen lenkt lecker davon ab.
www.restaurant-mayur.de

Schickeres Ambiente bietet das **Tandoori** (Immermannstr. 32) und dabei ebenso gutes Essen. Die Bedienung stimmt auch – deshalb eine uneingeschränkte Empfehlung! www.tandoori-duesseldorf.de

Im **Kirtis Dhaba** (Düsselthaler Str. 1a) erwarten dich schlichtes Ambiente und gute indische Küche. Die Speisen sind kräftig gewürzt und beliebt – abends wird es voll. Reservieren lohnt sich daher. www.kirtisdhaba.de

Asiatisch

Im **Okinii** (Immermannstr. 35) bezahlt man für etwa zwei Stunden Essenszeit und kann in dieser Zeit bis zu acht Gerichte ordern. Bestellt wird per iPad – das passt zur schicken Lounge-Atmosphäre. Viel Sushi gibt es hier, aber auch alles andere.
www.okinii.de --> Standorte --> Düsseldorf

Böser Chinese (Platanenstr. 21, Zollhof 13) ist eigentlich ein sehr cooler Chinese – eine Mischung aus Lounge und chinesischem Bistro. Legendär sind vor allem die Nudeln, die im Haus frisch hergestellt werden. www.boeser-chinese.de

Japanischer Suppen- und Sushiexperte ist **Naniwa** (Oststr. 55, Klosterstr. 68a). In der Oststraße gibt es Suppen, in der Klosterstraße Sushi. Lange Schlangen stehen vor beiden Türen; zum Glück werden im Winter werden manchmal Heizpilze nach draußen gestellt.
www.naniwa.de

Einfach lecker und unkompliziert

Die **Zicke** (Bäckerstr. 5a) ist einfach urgemütlich. Kunst- und Filmplakate statt Tapete, immer ein paar Suppen auf der Karte, aber auch was zum Beißen. Zu Brunchzeiten kann es hier voll werden. www.bistro-zicke.de

Die **Destille** (Bilker Str. 46) verbindet erstklassige, günstige Küche mit ebenso erstklassigen Musik- und Literaturveranstaltungen. Bei gutem Wetter kann man draußen in der ruhigen Bilker Straße sitzen. Donnerstag ist Veggie-Tag. www.destille-duesseldorf.de

Ein rein veganes Buffet gibt's im **sattgrün** gleich dreimal in Düsseldorf (Brückenstr. 12, Graf-Adolf-Platz 6, Hoffeldstr. 18), außerdem Fairtrade-Kaffee und Kuchen. Günstig, lecker, grün und fair – was will man mehr? www.sattgruen.de

Studentenkneipen

Schon von weitem erkennt man das **Tigges** (Brunnenstr. 1) an seiner bunt bemalten Hauswand. Drinnen wartet es mit dem rustikalen Charme einer Jugendherberge und jeder Menge Pfannkuchen auf. www.gaststaette-tigges.de

Manch einer behauptet, das **Sassafras** (Düsseldorfer Str. 90) sei der einzige linksrheinische Ort, an dem man vor der Oberkasseler Schickeria sicher ist. Hier bekommst du solides Essen und Weizenbier vom Fass! www.sassafras-duesseldorf.de

Restaurant, Bar, Kneipe, Bistro: Der **Tannenbaum** (Tannenstr. 3) kann alles. Außerdem findest du hier die wohl amüsanteste Speisekarte der Stadt. www.tannenbaum-duesseldorf.de

Besondere Lokalitäten

Mal wieder richtig gut essen gehen, obwohl der Geldbeutel klamm ist? Beim ersten Date Eindruck schinden? Manchmal muss das sein. Und manchmal muss das Besondere auch gar nicht besonders teuer sein.

Im **Muggel** (Dominikanerstr. 4) kannst du gutes Essen mit Kino verbinden. Oben serviert man dir leichte Bistro-Küche und erstklassiges Frühstück, unter dem Bistro verbirgt sich das „Souterrain", ein kleines Kino mit 50 Plätzen. Beinahe täglich werden hier Filme gezeigt.

Auch im **Lüders** (Hermannstr. 64) werden sonntags Filme gezeigt, in der Regel alte Hollywood-Klassiker. Und hier kredenzt man dir sogar passende Gerichte zu genau dem Film, der gezeigt wird.
www.lueders-flingern.de

Im **Mongo's** (Zollhof 10) gibt es den sogenannten Foodmarkt, an dem du dir dein Essen selbst zusammenstellen kannst. An exotischen Zutaten wird nicht gespart. Einmal Strauß probieren? Krokodil? Mongo's macht's möglich. www.mongos.de --> Düsseldorf

ArabesQ (Ludenberger Str. 1-1a) lässt einem so richtig den Atem stocken. Baldachine, Palmen, Springbrunnen, scheinbar unendlich viele arabische Windlichter in großen Säulenhallen – Scheherazade wäre beeindruckt. www.arabesq.de

Beinahe ebenso beeindruckend, wenn auch ganz anders, ist **Dr. Thompson's** (Erkrather Str. 232). Früher wurde hier Seifenpulver hergestellt, jetzt beherbergt die Fabrikhalle mit Lüftungsrohren und Hochofen ein Restaurant, das nachts zum Club wird. Die Location verursacht Herzrasen, die Preise allerdings auch. http://drthompsons.info

Das **Schiffchen** (Kaiserswerther Markt 9) wird von Spitzenkoch Jean Claude Bourgueil betrieben und gilt als eines der besten Düsseldorfer Restaurants. Wer wollte nicht schon immer mal „Asperges Bourgeoises de Robert Blanc / Copeaux de foie-gras de Canard / Coulis de Truffes et huile du Château Viran" bestellen ... Falsche Sprache? Bourgueil kocht in erster Linie Französisch, doch im Erdgeschoss gibt es mit **Bei Enzo** einen italienischen Ableger. Pizza fehlt auf der Karte, stattdessen gibt es z.B. Rücken vom Piemonteser Milchkalb. Essen und Service sind auch hier brillant.
www.im-schiffchen.com

Spektakulärer als im **Günnewig Rheinturm Restaurant Top 180** (Im Rheinturm) kann man kaum tafeln. In 172,50 m Höhe dreht sich das Restaurant sanft um die eigene Achse und versorgt dich während des Essens mit dem Düsseldorfer Stadtpanorama. Das Preis-Leistungs-Verhältnis stimmt nicht ganz – vermutlich kostet die Aussicht doch etwas mehr ... Sie ist es aber auch wert.
www.guennewig.de --> Günnewig Rheinturm
--> Restaurant Top 180

Kaffee

endlich Cappuccino

Durst? Durst?
Durst?
Durst?
Bier
Bier
Bier
Bier
Wein
Wein
Wein
Kaffee
Bier
Cappuccino
Cappuccino
endlich
Cappuccino
Kaffee
Wein
Bier

Düsseldorf hat sie: die längste Theke der Welt! Das wird nicht nur von jedem proklamiert, der um die legendäre Altstadt weiß, das ist wirklich so! Auf keinem vergleichbaren Gebiet weltweit liegen so viele Kneipen, Bars und Pubs nebeneinander, wie in der Düsseldorfer Altstadt. Hier versammeln sich die Durstigen, auf dass sich die Gläser füllen und leeren (und wieder füllen).

Trotz oder gerade wegen der abendlichen Völkerwanderung triffst du in der Altstadt jedenfalls immer ein bekanntes Gesicht zum Anstoßen. Vielleicht fachsimpelst du ja aber lieber bei einem Glas Wein über das Leben oder tauschs,t die neusten und brisantesten Infos beim Kaffeeklatsch aus. Genug Adressen dafür gibt es jedenfalls.

Kaffee

Kaffee! Für viele ist er in erster Linie einmal die Voraussetzung dafür, morgens auf Betriebstemperatur zu kommen und die Fähigkeit zur Kommunikation zurückzuerlangen. Doch mal ganz unabhängig von der Tageszeit: Nirgends unterhält man sich so gut, wie bei einem gepflegten Kaffeeklatsch. Deshalb findest du in diesem Kapitel die nettesten Bohnenbrühbauten, um in die Gänge und wieder zur Ruhe zu kommen. Und natürlich die besten Stationen, um sich einen Kaffee „to go" zu zapfen.

Cafés

Konditorei & Café Heinemann (Martin-Luther-Platz 32): Schon viele große Persönlichkeiten haben hier Kaffee getrunken und sich die spitzenmäßigen Konditorei-Kreationen auf der Zunge zergehen lassen. Nach einem Bummel über die Kö sitzt man hier gerne mal neben gesetzteren Herrschaften zur Crème de la Buttercrème Düsseldorfs. www.konditorei-heinemann.de

Café Süße Erinnerung (Brunnenstr. 20): Sehr kleines Café, sehr großer (Vintage-)Charme, interessante Leute und auch nett, um einfach draußen davor zu sitzen. Neben Kaffee sollte man den frischen Pfefferminztee probieren und dazu den selbstgebackenen Kuchen. www.suesse-erinnerung.de

Café Hüftgold (Ackerstr. 113): Ist es dieses Jahr wieder nichts mit der Bikinifigur geworden? Macht nichts, feiern wir das doch besser noch! Denn hier hat man sich dem „Genuss ohne Reue" verschrieben. Die sollte man auch wirklich nicht empfinden, wenn man sich über die hausgemachten Kuchen in der Vitrine hermacht. Verdünn die Kalorien doch einfach mit einer Tasse Kaffee! www.cafehueftgold.de

Bazzar (Heinrich-Heine-Allee 53, Schlüterstr. 3a): Hier versteht man unter Kaffee mehr als die bloße Filterbrühe, hier ist Kaffee ein Kunstwerk. Und so genießen Espressionisten aus aller Welt auf bunt gemixtem, selbst produziertem Interieur: Bänke und Stühle stammen aus eigener Herstellung. Und nicht nur das, auch der Kaffee ist aus hauseigenen Mischungen gemahlen! www.bazzar.de

Für einen zuckersüßen Abstecher – nicht nur vom Gebackenen – begibst du dich bei **Sugarbird Cupcakes** (Heinrich-Heine-Allee 37) in eine zartrosa-weiße Welt. Wer auf den Zucker im Kaffee verzichten möchte, holt ihn sich mit einem der herzlich verzierten kleinen Törtchen mit bunter Creme. Für deine Geburtstagsparty kannst du dir die Küchlein sogar nach eigenen Wünschen kreieren lassen. www.sugarbird-cupcakes.de

Direkt am Floragarten liegt das **Covent Garden** (Bilker Allee 126). We're amused, denn den ausgezeichneten Kaffee trinkt man hier in ziemlich stylisher Location. Dazu schmecken die Snacks auch noch

super – vor allem das Avocado-Cheddar-Panino.
www.facebook.com/coventgardencoffee

Das **Café Freund** (Viersener Str. 34) weckt nicht nur – dem Namen entsprechend – die Lust, ein paar Stunden mit den Lieben zu verweilen. Hier werden auch Erinnerungen ans gemeinsame Straßenkreidemalen in der Nachbarschaft wach, denn die Decke ist eine große Tafel, auf der du ja vielleicht mal malen darfst. Zum Essen kannst du dort auch bleiben: Die Karte wechselt wöchentlich, die Tartes triffst du jeden Tag. www.freund-pause.de

La vie en röst verlebst du bei Kaffee im **Florian** (Nordstr. 56). Schon vor mehreren Jahrzehnten hat es sich in Pempelfort etabliert. Seitdem ist es im Stile der Belle Époque eingerichtet. Nicht nur Café au Lait erwartet die Gaumen der Gourmets, auch frühstücken kann man hier ziemlich üppig. www.gastronomie-mansour.de

Toykio (Immermannstr. 18): Dieser verrückte Laden liegt inmitten des Japanviertels und sieht auch so aus: Halb Café, halb bunter Comic-Kunst-Spielzeugladen, wild und brillant. Neben Kaffee bekommst du hier auch hausgemachte Limo, serviert in Krügen und mit Zuckerstangen-Strohhalmen. www.toykio.com

Exquisites Highlight ist die **Kaffeefahrt mit Kö & Co.**, initiiert und inszeniert durch die Freifrau von Kö, Düsseldorfs extravagantester Millionärsgattin. Sie beschert dir eine humoristische Stadtrundfahrt im historischen Speisewagen der Rheinbahn. Standesgemäß kommt der gute Kuchen von Heinemann auf den Teller. Termine und Tickets gibt's im Netz auf den Seiten der Rheinbahn. www.rheinbahn.de

To go

Was wäre die Großstadt ohne hektisch, fast schon panisch durch die Straßen eilende Menschen mit To-Go-Becher in der einen und Smartphone in der anderen Hand? Zeit für eine Tasse Filterkaffee aus schickem Porzellan? Haben wir nicht, wir brauchen Koffein! Daher nun die besten Adressen für nicht minder mundenden Kaffee, nur eben aus dem Pappbecher und zum Mitnehmen!

Den perfekten Espresso für den Hallo-Wach-Effekt gibt's im programmatisch dazu benannten **Espresso Perfetto** (Friedrichstr. 40a). Angeblich war man hier mit daran beteiligt, dass der Espresso gängiges Getränk in Deutschland wurde. Willst du dich als Liebhaber auch daran beteiligen, stehen dir dafür viele verschiedene Espressosorten zur Wahl. www.espressoperfetto.de

An so ziemlich jeder Ecke der Stadt steht ein Büdchen (wird gerne auch Trinkhalle genannt, beides meint schlichtweg einen Kiosk). Neben Schokoriegel und Zeitschrift gibt es auch hier eine kräftige Brühe. Hinreichend heimelig ist vor allem **Das Büdchen** (Linienstr. 108) in „Öberbilk" (künstlerisch für „Oberbilk"). Für ein kreativ angeregtes Gespräch steht der Besitzer, seines Zeichens Künstler, zur Verfügung. www.facebook.com/dasBudchen

Hast du's besonders eilig, dann trink deinen Kaffee doch in der U-Bahn! Wenn du mit der Linie U76 von Krefeld nach Düsseldorf oder zurück fährst, kannst du hier ins **Rheinbahn-Bistro** einkehren. Die erste Düsseldorfer Station der Linie ist Lörick, Endhaltestelle der Hauptbahnhof. Die Fahrzeiten des U-Cafés entnimmst du am besten dem Linienplan. www.rheinbahn.de

Düsseldorf zählt zu den wenigen Städten, in denen sich das **Woyton** (u.a. Hunsrückenstr. 40) niedergelassen hat. Man könnte es als stylisches Kaffeehaus mit Industrieatmosphäre bezeichnen. Passenderweise kommen beim Kaffee zum Mitnehmen Fließbandgefühle

auf. Angenehmes Nebenprodukt ist hier das Muster im Milchschaum. www.woyton.de

Das häufigste Nebenprodukt bei Vorlesungen soll ja Müdigkeit sein. Anschließend also auf ins **EX LIBRIS** (Universitätsstr. 1, Gebäude 24.41). Die Cafeteria liegt auf dem Campus der Heinrich-Heine-Uni. Bei gutem Wetter folgt dann gerne die (eher semi-akademische) Herangehensweise: Kaffee kaufen, umdrehen, rausgehen und links auf die schnieke Terrasse des Oeconomicums setzten. Dabei genießt du den Ausblick auf Teichidyll samt Wasserfall und Schwimmgeflügel: Summa cum laude!

In Düsseldorf hat Deutschlands erster **Starbucks Drive Thru** (Erkrather Str. 364) eröffnet. Du brauchst also nicht mal das Auto zu verlassen, wenn du deinen Grande Caffè Latte mit Double Shot und laktosefreier Milch in extra hot to go haben willst! Das manische Lächeln der grünen Meerjungfrau gibt's gratis dazu.
www.starbucks.de

Tee

Die fernöstliche Kultur ist bekannt für das Streben nach innerer Ruhe und Ausgeglichenheit. Und was hilft da besser, als der Genuss einer Tasse frisch aufgebrühten Tees? Hilfreich ganz bestimmt auch im westlichen Düsseldorf oder falls du einfach keinen Kaffee magst.

Im Reich der Mitte blüht und brüht die Teekultur. Im Reich der Innenstadt lässt sich der Tee aber auch sehr gut genießen: Die **Shennong Tea Lounge** (Burgplatz 2) nimmt dich mit nach Asien und behält dich bei Interesse zur Teezeremonie da.
www.shennong.de

Die nicht ganz unbekannte Firma **Teekanne** hat ihr Werk in Düsseldorf. Schon wenn du dich der Fabrik näherst, duftet es nach Tee.

Den kannst du während einer Führung auch dort trinken und nebenan beim Werksverkauf (Kevelaerer Str. 33) deine Teedose wieder füllen. www.teekanne.de

Bier

Die Republik setzt sich die Schaumkrone mit dem Deutschen Reinheitsgebot der Bierbrauerei auf. Dabei kommen unter anderem in Bremen das Pils und in Bayern das Weißbier raus. Ach ja, Köln hat sein Kölsch, aber wir wollen hier ja zum Wesentlichen kommen: dem Altbier! Dafür ist die Stadt in der Getränkewelt nämlich bekannt. Kurz zur Definition: Altbier ist kein altes Bier. Abgestanden ist es schon gar nicht, sondern obergärig gebraut und dadurch dunkler und kräftiger. Allein im Stadtgebiet liegen fünf Hausbrauereien. Für Zugezogene gilt: Salz, Brot und ein Glas Alt!

--> s. „Sprachregeln", S. 276

Nicht irritieren lassen darfst du dich in den Brauhäusern von den ruppigen Kellnern. Die heißen hier „Köbesse" und das gehört so. Übrigens auch, dass dir der Köbes ungefragt ein neues Glas Bier hinstellt, wenn du auf dein leeres keinen Bierdeckel gelegt hast.

Genug Theorie, es wird Zeit zum Trinken! Damit die Wahl des Lieblingsalts auch fundiert vonstatten geht, probierst du am besten genüsslich jedes einzelne.

Noch ein Tipp vorneweg: Solltest du professionelle Hilfe dabei benötigen, sei dir die **Altbier-Safari** empfohlen: Besichtigungen der Hausbrauereien inklusive Verkostung der Biere. Infos zu Tour und Anmeldung gibt's unter www.altbier-safari.de.

Brauereien

Fangen wir doch an mit dem urigen Alt der **Brauerei Uerige** (Berger Str. 1). Wenn man irgendwo der Masse hin folgen sollte, dann hierher. Denn Menschenmassen versammeln sich auch unter der Woche vor und im Lokal. Im Glas: „dat leckere Dröppke", das würzigste Alt. Drinnen ist es urig-rustikal und gesellig, draußen ebenso, dafür luftiger. www.uerige.de

Am guten Alt der **Brauerei Kürzer** (Kurze Str. 18-20) wirst du nicht vorbeikommen. Innen besticht das Brauhaus mehr durch Luftig- als durch Wuchtigkeit, kommt es doch wenig rustikal daher. Die Trinkenden sind jung und frisch, wie das Bier. www.brauerei-kuerzer.de

Dem Altbiergenuss kannst du dich auch gut in der Brauerei **Zum Schlüssel** (Bolkerstr. 41-47) hingeben. Das Schlüssel Alt ist etwas milder und somit eine Einstiegsempfehlung. Zum Bier in zünftiger Einkehr empfiehlt sich die deftige Düsseldorfer Hausmannskost. www.zumschluessel.de

Das Füchschen Alt wird in der **Brauerei im Füchschen** (Ratinger Str. 28) gebraut, mit Hopfen und Malz natürlich. Aber auch weiteres Getreide bekommst du hier: Das Frühstück ist rheinisch und reichlich (Leberwurstbrot!). Bekömmlich-rustikal eben – wie die Räumlichkeiten. www.fuechschen.de

Das Schumacher Alt der **Brauerei Schumacher** (Oststr. 123) ist tatsächlich schon etwas älter: Seit 1838 wird hier Bier gebraut. Frisch schmeckt es trotzdem und feinherb dazu. Ausgeschenkt bekommst du es direkt im Stammhaus, inmitten von massivhölzerner Gemütlichkeit in der Braumeisterstube, auf besonderen Wunsch aber auch ganz edel im Kaminzimmer. www.schumacher-alt.de

In Oberkassel auf der anderen Rheinseite wird das Gulasch Alt im **Brauhaus Alter Bahnhof** (Belsenplatz 2) gebraut. Wo einst Dampfkessel von Lokomotiven rumorten, sind es heute die Braukessel. Als Begleiter zum Bier eignen sich die großen Portionen der gutbürgerliche Küche bestens. www.brauhaus-alterbahnhof.de

Bierkneipen

Nicht direkt aus dem Brauereikessel, dafür aber immerhin frisch gezapft oder aus der Flasche, bekommst du dein Bier in den unzähligen Kneipen und Lokalen Düsseldorfs.

O'Reilly's (Marktplatz 6): Ein Irish Pub, der originalgetreu dunkel und traditionell mit grünen Akzenten eingerichtet ist. Nicht heller, aber genauso geschmackvoll ist das klassische Stout. Noch stimmungs- und stimmenvoller wird's jeden Freitag- und Samstagabend ab 22.00 Uhr bei (unkeltischer) Karaoke. www.oreillys.com

Engel (Bolkerstr. 33): Die lauteste Rockkneipe Düsseldorfs. Damit ist sie in der Altstadt schon von Weitem nicht zu überhören. Die Frequenzen sind hier vielleicht auch ganz hilfreich, um sich zurechtzufinden – es ist nämlich recht dunkel drinnen. „Zwei Bier, bitte." – „WAS?" – „ZWEI BIER, BITTE!" Frag ansonsten nach den Handzeichen ... www.engel-duesseldorf.de

Zum Goldenen Einhorn (Ratinger Str. 18): Hier ist alles mit dunklem Holz vertäfelt und du kannst es dir beim Bier so richtig gemütlich machen. Nett sind auch die frischen Blumen, die immer rumstehen. Draußen an den Stehtischen bist du mitten im Treiben auf der Ratinger. www.einhorn-duesseldorf.de

Tigges (Brunnenstr. 1): Die Studentenkneipe überhaupt am Bilker Bahnhof. Hier trinkst du dein Bierchen zu gemäßigten Preisen und sollte es in der Mensa oder Kantine nicht geschmeckt haben, wirst du auch ausreichend verköstigt. Ein entspannter Ort mit angenehmen Leuten und Stammtischpotenzial! www.gaststaette-tigges.de

McLaughlins (Kurze Str. 11): Ein weiterer Irish Pub. „Shit service, warm beer, crap music, but 4 ply toilet paper", so der nicht ganz ernst gemeinte Hinweis auf dem Ladenschild. Umso freudiger ist hier das allsonntägliche Pubquiz in grün-weiß-orangener Gastlichkeit. Bonus: Donnerstags von 21.00-0.00 Uhr gibt's für Studis beim Kauf eines großen Bieres das nächste gratis. Cheers! www.mclaughlins.de

Kassette (Flügelstr. 58): Kompromisslos authentisch: Holzmöbel, sesshafte Sofas und Musik, die direkt von der Platte gespielt wird. Auf der Karte steht ein wechselndes Monatsbier, das gerne mal unkonventionell ist. Für Abenteurer fernab der Hörspielkassette: „Das Kassettendeck riskant." Die Bedienung drückt den Knopf und wählt Bier & Schnaps für dich aus. www.die-kassette.de

Schaukelstühlchen (Kurze Str. 16-18): Hier gibt's das Kürzer Alt aus der Brauerei unter dem selben Dach. Es ist definitiv eine der Lieblinge unter den Kneipen, wo man immer coole und offene Leute trifft. Achtung: Am Tisch hinten links tropft gerne mal Kondenswasser vom Brauen obendrüber herunter. Nichtsdestotrotz einer der besten Plätze. www.schaukelstuehlchen.de

Beethoven (Ackerstr. 106): Di dö di dö di da di di daa... So (oder so ähnlich) klingt's, wenn Beethoven für Elise in die Tasten haut. Er steht hier wahrhaftig rum – als Büste – und schaut mit dir ins Bierglas. www.beethoven-flingern.de

Seifen Horst (Neusser Str. 125): Düsseldorfer Dekadenz und Schickimicki wirst du hier ganz sicher nicht finden. Das Bier gibt's in schmuddelig-gemütlichen Räumlichkeiten und die Atmosphäre profitiert davon. www.seifenhorst.de

Papidoux (Liefergasse 7): Du bist dir nicht zu fein für eine gehörige Portion laut? Als Hardrock- und Heavy-Metal-Kneipe verwirklicht sie ihr Motto aber so was von! Hartnäckigkeit zahlt sich auch beim obligatorischen Spiel am Kicker aus. Dazu gibt's mittwochs und donnerstags Alt für 1 Euro. Sonntags und montags ist dafür dicht. www.papidoux.com

Bier im Freien

Scheint die Sonne über der schönsten Stadt am Rhein, wäre es doch ein Jammer, sich Drinnen beschatten zu lassen. Raus also vor die Tür und eingekehrt in die Biergärten der Stadt!

Einzigartig sind die **Kasematten** (Rheinwerft 16) entlang der Rheinuferpromenade. Mehrere Lokale haben sich hier mit Direktblick auf den Rhein niedergelassen, um kalte Getränke und heiße Speisen zu kredenzen. Die Terrassen sind ganzjährig ziemlich gut besucht, auch wenn sie im Winter deutlich verkleinert werden. Sonnendächer, oder auch Heizstrahler, geben dabei stets der Jahreszeit entsprechend ihr Bestes. www.kasematten-duesseldorf.de

Im Volksgarten liegt das **Bootshaus** (Auf'm Hennekamp 101) direkt an einem See des Parks. Auf der Holzterrasse sitzt du also schön am

Wasser und hast einen idyllischen Ausblick auf die Szenerie der grünen Lunge. Während du dir das flüssige Getreide einverleibst, freuen sich die Enten sicher über ein paar Stückchen Brot. Wichtig zu wissen: Das Bootshaus gehört zur Gaststätte „Kurhaus" und öffnet nur sonntags von 12.00-18.30 Uhr für die Allgemeinheit. An allen anderen Tagen haben nur geschlossene Gesellschaften das Vergnügen. www.kurhaus-duesseldorf.de

Entlang der Gassen zu den Rheinterrassen oder wie war das doch gleich? Genau hier liegt der Biergarten **BASTION** (Joseph-Beuys-Ufer 33). Tote Hose ist hier nie, im Gegenteil: Bei gutem Wetter tummelst du dich mit den anderen Düsseldorfern unter dem schattigen Altbaumbestand. Den Blick auf den Rhein gerichtet, das Glas Richtung Mund – und vielleicht ja sogar ein Sonnenuntergang, an Tagen wie diesen ... www.rheinterrasse-duesseldorf.de
--> Räumlichkeiten --> Biergarten BASTION

Das **Brauhaus Alter Bahnhof** (Belsenstr. 2) in Oberkassel besticht natürlich nicht nur durch sein Gulasch Alt. Allein schon die Architektur des Gebäudes ist äußerst hübsch, noch schöner ist der Biergarten draußen. Ins Glas kommt Altbier, das in der hauseigenen Brauerei gebraut wird, aber auch Pils und Weizen. Es erwarten dich Geselligkeit im Grünen und einer der schönsten Flecken Düsseldorfs, nur überschattet von den alten Kastanienbäumen. www.brauhaus-alterbahnhof.de

Doch auch im **Schwan** (Mühlenstr. 2) am Burgplatz ist es besonders schön. Vor allem, wenn man an einem lauen Sommerabend unter dem Platanendach sitzt, das mit Lichterketten stimmungsvoll in

Szene gesetzt wird. Wenn dich der Hunger quält, bestell dir ein leckeres „Schwanitzel" zum Kaltgetränk. www.schwan-restaurant.de

Der Biergarten des **Malkasten** (Jacobistr. 6) ist genau der grüne Fleck, den du in deiner Wohnung im fünften Stock vermisst. Malerisch ist er tatsächlich und überschaubar noch dazu. Für Kreativlinge ein guter Ort, die gegenüberliegende Kulisse des Hofgartens auf die Leinwand zu bringen. www.mk-1.biz

Der etwas andere Biergarten

Fernab der Gastronomie eröffnen die Düsseldorfer ihren eigenen Biergarten – mit Hang zum Massenandrang: Bier im Büdchen kaufen, auf die **Rheintreppen** setzen und genießen!

Bist du gerne mit dem Radl da? Dann schwing dich drauf, tour am Rhein entlang und kehr ein in die **Galerie Burghof** (Burgallee 1) in Kaiserswerth! Neben den Ruinen der Kaiserpfalz kannst du rustikal auf zurechtgesägten Baumstämmen Platz nehmen und deine Erfrischung genießen. www.galerie-burghof.de

Wenn du dich an einem heißen Sommertag einfach mal treiben lässt, könntest du in Lierenfeld ankommen, genauer noch: im **Treibgut** (Ronsdorfer Str. 134). Das ist zwar kein klassischer Biergarten, aber dafür eine Strandbar. Sand, Pool und eiskalte Getränke ergeben einen der heißesten Orte der Stadt. Ganz wichtig: Eincremen nicht vergessen! Oder unter dem Sonnenschirm einbuddeln. www.treibgut-duesseldorf.de

Mehr Beach-Feeling gefällig? --> s. „Es ist Sommer!", S. 128

Wein

Man sollte zwar meinen, in Düsseldorf sei das einzige Traubenerzeugnis, das man sich zu Gemüte führt, Champagner, doch dem ist nicht so. Als anspruchsvoller Düsseldorfer solltest du aber selbstverständlich nicht irgendeinen Fusel entkorken, sondern deinen Gaumen mit einem edlen Tropfen benetzen. Zum Glück haben sich einige Lokale und Geschäfte Düsseldorfs auf leckere Weine spezialisiert.

Weinlokale

D'Vine (Lorettostr. 23): Gelegen an einem der hippsten und zugleich entspanntesten Orte der Stadt – auf der „Lo". Das macht es doch gleich weniger angestrengt als auf der Kö. Das entsprechende Lebensgefühl lässt sich optimal mit einem Gläschen von der 280 Weine umfassenden Karte genießen. www.d-vine.de

Weinlokal Galerie am Karlplatz (Benrather Str. 6b): Elegantes Etablissement mit sorgfältig selektierten Weinen. Die französischen Bordeauxweine sind wahrhaftige Kostbarkeiten! Fügst du dich dieser edlen Attitüde, musst du dafür selbstredend tief in die Tasche greifen. Für den vollendeten Genuss eignen sich Häppchen vom Käseteller. www.galerie-am-karlplatz.de

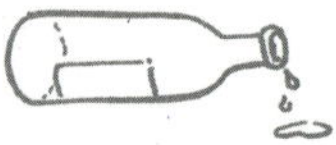

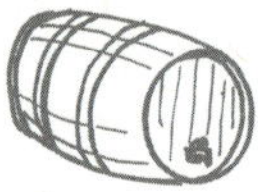

Parlin (Altestadt 12): Hier geht es schick und edel zu. Die Möbel sind dunkel, ansonsten gibt es viel weiß, gold und Stuck. Nicht nur die Speisekarte verspricht allerlei Besonderheiten, auch die Weinkarte bietet viel Auswahl und eine große Bandbreite. Die Preise sind dafür aber auch ziemlich gesalzen und für Wein-Einsteiger ist kaum etwas dabei. www.parlin-weinbar.de

Vineria Vinci (Neusser Str. 27): In der Vineria kannst du nicht nur essen wie bei der italienischen Mamma, sondern auch erstklassige italienische Weine genießen. Vor allem kleine Weingüter sind hier vertreten und einige besondere Perlen aus Sizilien und der Toskana. www.vineriavinci.de

Weinhandlungen

Es gibt tatsächlich etwas, das gibt es in Düsseldorf nicht: ein Weingut. Dennoch haben sich einige Weinhandlungen niedergelassen, in denen die Trauben praktisch in Flaschen abgefüllt darauf warten, mit nach Hause genommen zu werden.

Sommelerie (Bürgerstr. 28): Selbst wenn du nur weißt, dass Wein kein Bier ist, bist du hier richtig. Herzlichst berät dich die Sommelière und findet aus rund 300 Weinen den einen, der zu dir passt. Natürlich auch mehr als einen, wenn du magst. www.sommelerie.de

Jacque's Wein-Depot (Birkenstr. 100): Deinen (bezahlbaren) Lieblingswein solltest du hier finden – und damit vielleicht ja sogar deinen Lieblingswinzer. Hier lässt man es sich nicht nehmen, dich zu einer Weinprobe einzuladen und den Kauf zum Erlebnis zu machen. www.jacques.de/weindepots

VIF Weinhandel (Rethelstr. 139): Wolltest du schon immer mal einen Wein aus Übersee probieren? VIF führt nicht nur Portwein, sondern auch Importwein! Besonders Weine aus aller Welt, die es eben nicht überall gibt, findest du hier – leichter als den Laden selbst übrigens, denn der liegt in einem Hinterhof. www.facebook.com/vif.weine

Weinhaus Machmer (Merowingerstr. 28): Verkauft werden hier ausschließlich die Weine des gleichnamigen Weingutes in Rheinhessen. Eiswein hat dort einen besonderen Stellenwert. Dazu sind die Tropfen auch noch ökologisch. www.weinhaus-machmer.de

Cocktails & Longdrinks

Kaffeetassen, Biergläser und Weingläser sind dir zu langweilig? Du liebst dramatische Formen und noch spektakulärere Dekorationen? Du brauchst einen bunten Cocktail! Wer dann doch nicht ganz so viel Trara benötigt, um einen lustigen Abend zu verleben, darf natürlich auch einen Longdrink bestellen. Hin oder her, beides schmeckt in den folgenden Lokalitäten auf jeden Fall:

Siam Cocktailbar (Kurze Str. 13): Nicht nur die größte Cocktailbar der Stadt, sondern ganz NRWs. Die Einrichtung ist allerdings, nun ja, nicht allzu stilvoll. Im Sommer kannst du aber draußen sitzen und das Altstadt-Ambiente genießen. Über 180 verschiedene Cocktails zu moderaten Preisen stehen auf der Karte und Freitag und Samstag ist bis 21.00 Uhr Happy Hour. www.siam-cocktailbar.de

Günnewig Bar & Lounge M 168 (Stromstr. 20): Dass hochprozentige Getränke gerne mal für Höhenflüge sorgen, ist nichts Neues. Die Perspektive von ganz oben gibt's hier in jedem Fall – schließlich befindet sich die Bar im Rheinturm auf 168 m Höhe über den Dächern der Stadt. Exklusiver Ausblick, exklusive Preise – aber man muss sich ja auch mal was gönnen! www.guennewig.de/m168

Sweetheart (Bolkerstr. 32): Süß ist nicht nur der Name. Pretty in Pink und mit zahlreichen Anglizismen ausgestattet, kommt der Laden daher. Dazu schmückt er sich mit einer fulminanten Happy-Hour-Performance. Unter anderem gibt's ab 23.00 Uhr im Late-Night-Special alle Jumbo-Cocktails zum Preis eines kleinen! www.sweetheart-bar.de

Anaconda Lounge (Andreasstr. 11): Eine dunkle Bar mit gemütlichem Ambiente, allerdings ziemlich länglich. Bei einem Drink und Elektromusik kannst du das Bein am Barhocker wippen lassen. www.facebook.com/ANACONDA.LOUNGE

Bar Alexander (Düsselstr. 71): Der beste Ort der Stadt, um stilvoll einen Cocktail zu trinken. Eine Besonderheit sind die „Cocktail Flights": Mit einem Flight bestellst du vier verschiedene Mini-Cocktails. So kannst du dich durch die Karte probieren und dabei trotzdem die Kopfschmerzen gering halten. www.bar-alexander.com

Bar Alexandra (Merowingerstr. 18): Tatsächlich die kleine Schwester der Bar Alexander, allerdings mit einer anderen Karte. Mittwoch ist hier Studententag: Mit Ausweis kosten alle Cocktails nur 5 Euro. www.bar-alexandra.com

MaiTai (Hunsrückenstr. 22): Tropischer geht's kaum: Prozentiges unterm Palmenwedel, fruchtig-fröhlich garniert. Einen Cocktail, den es nicht gibt, gibt's in dieser Bar eigentlich nicht. www.maitai-duesseldorf.de

Grillen

Biergarten

Biergarten

Badesee

Badesee

Badesee

Eis

Grillen

Sommer!
Es ist Sommer!
Sommer!
endlich
Kicken
Kicken
Grillen
Grillen
Badesee
Grillen
Badesee
Grillen
Grille
Biergarten
endlich
Biergarten

Es ist Sommer in Düsseldorf! Die Sonne lacht vom Himmel und die Tage werden wieder länger. Nach endlos scheinenden, trüben Wintertagen bist du hungrig nach frischer Luft und Sonnenschein. Also, worauf wartest du? Raus ins Grüne mit dir! Denn die „Gartenstadt" am Rhein bietet wirklich alles für echtes Urlaubsfeeling vor der Haustür. Warum in die Ferne schweifen, wenn das Gute so nah ist? Egal ob du sportlich aktiv sein willst, dir den Bauch mit Eis oder Gegrilltem vollschlagen möchtest oder eine nasse Abkühlung suchst: Hier kommen deine ultimativen Tipps für heiße Sommertage in Düsseldorf!

Eis

Was gehört zu Sommer und Sonne? Natürlich ein Eis! Ob erfrischend-fruchtig oder zart-cremig, ob Klassiker oder Exot: Eine kalte Leckerei darf an warmen Sommertagen einfach nicht fehlen. Und Düsseldorf kennt in Sachen Eishunger keine Grenzen. Einige der besten, leckersten und ausgefallensten Eisdielen mit besonderem Geschmackserlebnis findest du hier.

Das **Eiscafé Unbehaun** (Aachener Str. 159) konzentriert sich auf das Wesentliche: leckeres, hochwertiges Eis! Farb- oder Zusatzstoffe sind hier Fehlanzeige, denn das Bilker Eiscafé legt Wert auf natürliche Zutaten. Seit hundert Jahren werden hier Eis und Sahne traditionell aus frischer Milch selbst hergestellt. Die Sorten sind schnell aufgezählt: Erdbeere, Schokolade, Vanille, Nuss und Zitrone – die Klassiker eben. Dafür ist die Auswahl an Bechergrößen umso umfangreicher. Bereits ab 40 Cent gibt es die kleinste Portion. Dar-

über hinaus sind 14 weitere Kugelgrößen und Preissprünge wählbar – da ist für jeden Eishunger das Richtige dabei.
www.facebook.com/unbehauns

Die fantasievollen Eiskreationen der **EisBar** (Friedrichstr. 8) machen neugierig! Im hauseigenen Eislabor wird ständig an neuen Variationen getüftelt. Heraus kommen Eiskombinationen wie Zitrone-Minze, Erdbeer-Rhabarber oder Tahiti Vanille. Das bio-begeisterte Eiscafé im zentralen Stadtteil Friedrichstadt bietet zudem feines Gebäck wie Schoko-Schnitten, Cookies und Muffins an. Unbedingt probieren solltest du die Eissorte „Bloody Mary"!
www.eisbar-duesseldorf.de

Pias Eiscafé (Kasernenstr. 1) kann man mit Fug und Recht als beliebteste Eisdiele der Altstadt betiteln, denn hier sieht man nicht nur im Hochsommer lange Schlangen vor den Eistresen. Besonders zur Mittagspausen-Zeit solltest du genügend Wartezeit einplanen. Für 80 Cent pro Kugel kannst du in der Hochsaison aus rund 25 selbstgemachten Eissorten wählen. Darunter sind auch einige Exoten, wie Proseccoeis, Maracuja-Cheesecake oder das beliebte Panna Cotta mit Zimt.

Das **Eiscafé Portobello** (Belsenplatz 3) ist die Stadtteileisdiele des noblen Oberkassel und zeigt, dass die linke Rheinseite Düsseldorfs der rechten in Sachen Eis in nichts nachsteht. In italienischem Ambiente hast du hier die Wahl aus rund 30 unterschiedlichen

Eisbechern mit Zutaten aus der Region. Bei einer eiskalten Köstlichkeit, einem Latte Macchiato oder einem feinen Tortenstück kannst du auf einem der Außenplätze entspannt Sonne tanken und das Treiben auf dem Belsenplatz beobachten. Probier doch mal das Mojito-Eis! www.eiscafe-portobello.de

Nordmanns Eisfabrik (Hermannstr. 22a) trifft den Geschmack der Düsseldorfer. Es ist cremig und natürlich, aber vor allem: exotisch! Ausgefallene Eiskreationen wie Rosmarin-Lavendel, Süßholz, Kürbiskernöl, Zwetschge oder Cranberry-Cheese laden zum Ausprobieren ein. Die Flinger Eisdiele stellt alle Eissorten mit natürlichen Zutaten her und bietet auch eine leckere Auswahl an fett- und laktosefreien Sorbets an. www.nordmanns-eisfabrik.de

Plantschen, Baden, Schwimmen

Mit dem Thermometer steigt im Sommer auch der Wunsch nach Abkühlung. Zwar ist das Plantschen und Baden im Rhein selbst nicht gestattet, doch Wasserratten aufgepasst! Hier kommen einige der vielzähligen Möglichkeiten für eine nasse Abkühlung unter freiem Himmel.

Schwimmbäder

Im Sommer pilgern nicht nur die linksrheinischen Düsseldorfer ins **Strandbad Lörick** (Niederkasseler Deich 285). Die idyllische Lage direkt am Rhein zieht die Menschen selbst über die Stadtgrenzen hinweg an. Kein Wunder, hier locken zwei große Schwimmbecken, ein abgegrenzter FKK-Bereich und ein großer Beachvolleyballplatz. Auf den weitläufigen Liegewiesen findet auch zur Hochsaison jeder ein Plätzchen und die hochgewachsenen Bäume spenden kühlenden Schatten. Und mit direktem Blick auf den Rhein entspannt es sich gleich doppelt so gut. Also Badesachen gepackt und eingetaucht in die Wasser-Oase direkt am Rhein!

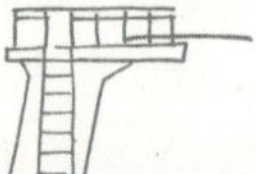

Das größte der städtischen Freizeitbäder, **Düsselstrand** (Kettwiger Str. 50), ist eine Kombination aus Frei- und Hallenbad. Auf rund 1.300 m^2 können Wasserratten und Badenixen schwimmen, rutschen oder sich im Warmwasserbecken von Massagedüsen durchkneten lassen. Die Wasserlandschaft bietet Whirlpools, mehrere Rutschen, einen Strömungskanal und sogar einen Wasserfall. Aber im Sportbecken kannst du auch ganz ungestört deine Bahnen ziehen, oder du machst es dir zum Sonnetanken in einer der Liegemulden des Außenbeckens bequem. Und damit du auch über die entsprechende Strandfigur verfügst, bietet der Düsselstrand Aqua-Jogging, H^2O-Bauch-Beine-Po und klassische Wassergymnastik an. Los geht's!

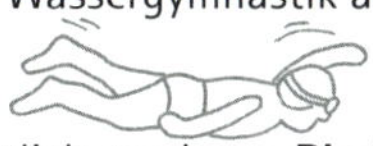

Ein Paradies für Schwimmer ist das sportlich-moderne **Rheinbad** (Europaplatz 1) in unmittelbarer Nähe zur Esprit-Arena. Draußen wie drinnen kannst du hier auch an kühleren Sommertagen auf einer der insgesamt zwölf 25-Meter-Bahnen Ausdauer beweisen. Für die besondere Wohlfühlatmosphäre sind die großzügigen Fensterfronten verantwortlich, die das Sonnenlicht warm auf das Wasser strahlen lassen. Gleite auf der Breitrutsche hinein ins kühle Nass, stelle auf den Sprungtürmen deinen Mut unter Beweis oder amüsiere dich auf den Volleyball- oder Bolzplätzen. Dank der 360°-Panoramafotos auf der Homepage kannst du dir bereits bequem von zu Hause einen Eindruck vom Rheinbad verschaffen.

Aber auch alles Andere, was du über die Düsseldorfer Bäder wissen musst, findest du hier: www.baeder-duesseldorf.de

Badeseen

Am einzigen öffentlich zugelassenen Badesee von Düsseldorf, dem **Unterbacher See** (Kleiner Torfbruch 31), hast du die Wahl zwischen den einander gegenüber gelegenen Strandbädern „Nordstrand" und „Südstrand". Umsäumt vom Eller Forst hat sich das Gewässer zu

einem beliebten Naherholungsgebiet mit umfangreichen Sport-, Grill- und Picknickmöglichkeiten gemausert. Die hervorragende Wasserqualität des durchschnittlich fünf Meter tiefen Sees wird regelmäßig geprüft und gelobt. Zusammen mit der naturnahen Lage zieht das kleine Urlaubsparadies jährlich rund 200.000 Badelustige an.

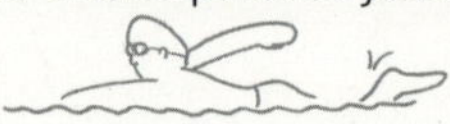

Beide Naturfreibäder haben breite Liegewiesen und Sandstrände und sind mit Volleyball-, Bolz- und Bouleplätzen ausgestattet. Mach es dir doch in einer der vielen Liegen oder Strandkörbe bequem oder sonne dich auf den aufblasbaren Inseln auf dem Wasser. Du hast die Nase voll von weißen Abdrücken von Bikini und Badehose? Am Südstrand treffen sich Freunde des textilfreien Schwimmens auf einer eigenen Liegewiese. Erfrischungen gibt es im ansässigen Strandcafé und Kiosk. www.unterbachersee.de

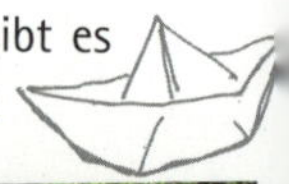

Nur wenige Fahrminuten westlich von Düsseldorf liegt der Kaarster See, der aus zwei miteinander verbundenen Wasserflächen besteht. Während der große See Surfern, Seglern und Anglern vorbehalten ist, kann du im **Kleinen Kaarster See** (6 ha, 6 m tief) zu moderaten Preisen deine Bahnen ziehen, dich auf den Badeinseln von der Sonne bräunen lassen oder dich auf den Beachvolleyball- und Tischtennisplätzen sportlich betätigen. Das flach abfallende Ufer lädt zu einer Partie Beachball ein und auch ungeübte Schwimmer fühlen sich hier wohl. Dank der direkten Autobahnanbindung an die A52 erreichst du den See sehr gut mit dem Auto, aber auch mit der Regiobahn bist du in einer halben Stunde dort. www.kw-gv.de --> Freizeit --> kaarster See

An der östlichen Grenze zu Düsseldorf, im Südwesten des Ratinger Stadtgebiets, liegt der **Grüne See** (18 ha, bis 21 m tief). Und dieser Name kommt nicht von ungefähr! Denn eingebettet ist der See in großzügige Grünanlagen des Erholungsparks Volkardey. Aber aufgepasst, aufgrund der starken Unterströmungen darfst du nur in abgetrennten Bereichen schwimmen. Dafür locken zahlreiche Freizeitaktivitäten wie ein Bolzplatz, ein Trimm-Dich-Pfad, eine Beachvolleyballanlage, Tischtennisplatten und ein Boots- und Surfverleih. www.stadt-ratingen.de --> Freizeit, Kultur, Sport, Tourismus --> Schönes Ratingen --> Sehenswürdigkeiten --> Grüner See

Beach Club

Abkühlung auf eine andere Art und Weise verspricht der **Beach-Club Treibgut** (Ronsdorferstr. 134). Die Location im Außenbereich des traditionsreichen Stahlwerks bringt einen Hauch von Karibik nach Düsseldorf. Auf 1.000 m² Sandfläche bekommst du in einer Strandliege unter Palmen mit einem Cocktail in der Hand pures Urlaubsgefühl. Wenn die Sonne trotzdem irgendwann auf der Haut brennt, kannst du in den kühlen Pool abtauchen. Abends verwandelt sich das riesige Sandareal in eine Showbühne für Konzerte und Partys: Im Licht von romantischen Strandfackeln und mit Sand unter den Füßen kannst du hier bis in die frühen Morgenstunden tanzen und feiern. www.treibgut-duesseldorf.de

Spiel & Sport

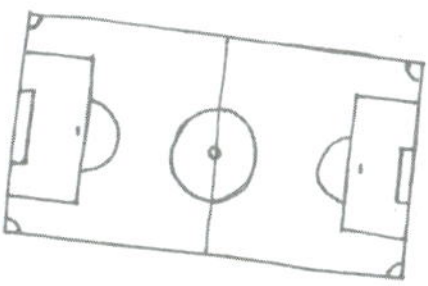

Volleyball

Hier ist offensichtliches Baggern ausdrücklich erlaubt. Nein, wir befinden uns nicht in der Disco, sondern in den ehemaligen Industriehallen von **ALMA Oberkassel** (Hansaallee 289). Hier kannst du dich auf zwei Outdoor- und drei Indoor-Beachvolleyballplätzen austoben. Unter freiem Himmel und mit den Füßen im Sand fühlt

sich das fast wie ein Kurzurlaub am Strand an.
www.alma-oberkassel.de

Noch entspannter geht es im **Strandbad Lörick** (Niederkasseler Deich 285) zu. Denn auf den dortigen Volleyballplätzen wird meist nur in Bikini und Badehose gespielt, schließlich sind die meisten Besucher ja eigentlich zum Schwimmen gekommen. Die Nutzung der Plätze ist im Freibad-Eintritt schon mit drin.

s. „Schwimmbäder", S. 128

Und auch an den Badestränden des **Unterbacher Sees** (Kleiner Torfbruch 31) kannst du dich gekonnt in den Sand schmeißen. Zur Hochsaison musst du allerdings etwas Wartezeit einplanen, bis du deine Pritsch- und Baggerkünste zum Besten geben kannst. Den Sprung ins kühle Nass muss man sich ja schließlich auch verdienen!

Kicken

s. „Badeseen", S. 129

Bist du ein Freund des runden Leders? Dann schnüre deine Stiefel, schnapp dir deine Freunde und ab zu **Cosmo Sports** (Diepenstr. 83). Auf den FIFA-zertifizierten 30 mal 15 m großen Plätzen jagst du im Sommer unter freiem Himmel die Pille in die Maschen. Und sollte es einmal regnen, wird einfach das Dach geschlossen. Da fühlt man sich doch fast wie die Profis in der ESPRIT-Arena.
www.cosmo-sports.de

Willst du lieber regelmäßig und auf dem großen Platz spielen, dann ist eine Hobbymannschaft vielleicht das Richtige für dich! Wende dich einfach an eine der Mannschaften der **Hobbyliga-West** oder der **Bunten Liga**. Irgendeine Mannschaft sucht immer Verstärkung im Kampf um die begehrten Punkte. www.hobbyliga-west.de
www.buli.wtal.de

Hast du keine Lust auf Wettkampf und steht bei dir allein der Spaß im Vordergrund? Auf den **rechtsrheinischen Rheinwiesen** findest

du eigentlich immer gleichgesinnte Kicker. Einfach fragen und mitspielen! Aber aufgepasst: Ausnahmsweise muss hier das Runde nicht immer ins Eckige, denn Tore werden auch schon mal provisorisch mit Sweatshirts oder Stöcken aufgebaut.

Klettern

Höhenangst ist ein Fremdwort für dich? Dann nutze das schöne Wetter doch für einen Besuch im **Hochseilgarten querfeldein** (Am Kleinforst 260). Stelle deine Geschicklichkeit im Kletterparcours unter Beweis, bewege dich in schwindelerregender Höhe von Baum zu Baum und sause mit der Seilrutsche zurück auf den Boden. Der Hochseilgarten in Düsseldorf ist ein echtes Erlebnis für alle Abenteuerlustigen. Besondere Herausforderung: die meterlangen, wackeligen Seilbrücken. www.hochseilgarten-duesseldorf.de

Hoch hinaus geht es auch in der Heerdter Halle **Klettermassiv** (Wiesenstr. 76). An den anspruchsvollen Kletterwänden bist du durch die Überdachung vor Regen und Wind geschützt. Trotzdem ist die 800 m² große Kletterfläche mit verschiedenen Schwierigkeitsgraden auch etwas für schöne Sommertage, denn bei gutem Wetter werden die riesigen Rolltore geöffnet und Sonnenschein und frische Sommerluft hineingelassen. Ein Gefühl wie unter freiem Himmel.
www.klettermassiv.de

Minigolf

Beim **City Minigolf** (Krippstr. 3) in Düsseldorf-Eller kannst du in idyllischer und ruhiger Atmosphäre ein paar Bälle einlochen. Die

gepflegte Anlage bietet den Spielern dabei glücklicherweise an besonders heißen Tagen auch ein paar Schattenplätze unter Bäumen an. Auch einen Blick wert ist der abgetrennte Bereich, in dem Profis und Vereinsmitglieder mit eigenen Schlägern und Bällen ihre Fertigkeiten miteinander messen. Wenn du deine Freunde besonders beeindrucken willst, kannst du auf der Website vorab die Bahnpläne studieren. Diese zeigen, wie du den Ball mit nur einem Schlag verwandeln kannst. Wer weiß, vielleicht gelingt dir ja das ein oder andere Hole-in-one. www.cityminigolf.de

Da es beim Minigolf vor allem auf Geschicklichkeit und Konzentration ankommt, eignet sich die Sportart auch sehr gut für Menschen mit Behinderung. Die **Minigolfanlage im Südpark** (In den Großen Banden 58) ist der erste barrierefreie Minigolfplatz in NRW, auf dem du auf 18 Bahnen aus weißem Kunststein dein Können zeigen kannst. Sowohl die Minigolfanlage als auch das angrenzende Café Südpark werden von der wfaa, einer Werkstatt für Menschen mit Behinderungen, betrieben. Dies bietet den meist behinderten Mitarbeitern eine Möglichkeit zur Integration in die Gesellschaft und verringert bestehende Berührungsängste bei Behinderten und Nichtbehinderten. www.wfaa.de

--> Die wfaa Düsseldorf
--> Entspannen & Einkaufen --> Minigolf

Einen der schönsten Minigolfplätze von Düsseldorf findest du in Niederkassel. Im **Sport-Freizeit-Center Cremers** (Am Pappelwäldchen 92) warten – nur wenige Meter vom Rhein entfernt – 18 hervorragend gepflegte Bahnen mit kreativen Hindernissen auf dich.

Für die Bewältigung des geräumigen Parcours solltest du mindestens eine Stunde einplanen. Du solltest also spätestens um 19.30 Uhr den ersten Schlag tun, um bis zur Schließung der Anlage alle Bahnen durchgespielt zu haben. Zur Stärkung werden dir anschließend im Terrassen-Café kalte und warme Gerichte serviert.
www.mon.de/dus/terrassen-cafe

Die Minigolfanlage am **Unterbacher See** (Kleiner Torfbruch 31) lohnt sich vor allem, wenn man sie mit einer der zahlreichen anderen Aktivitäten am Unterbacher See kombiniert – z.B. mit einem ausgiebigen Spaziergang um den See oder einem Biergartenbesuch. Und wenn du nach einer spannenden Partie eine Abkühlung brauchst, ist der Sprung ins kalte Nass sowieso zu empfehlen.
www.unterbachersee.de --> Sport und Freizeit --> Minigolf

Skaten

Skater, Inliner und BMX-Fahrer tummeln sich bei schönem Wetter traditionell in der **Freizeitanlage Ulenberg** (Ulenbergstr. 11). Dort befindet sich Düsseldorfs erster Skate- und Bikepark. Weil an der Anlage viele Düsseldorfer Skater mitgeplant und mitgebaut haben, erfüllen die Rampen, Aufbauten und Plattformen alle Wünsche von Rollsportlern.

Nicht ganz so groß, aber mit gut fahrbarer Asphaltoberfläche und Halfpipe ausgestattet, sind die zwei Rampen am **Apolloplatz** unter der Rheinkniebrücke.

Wenn du gerne in Gemeinschaft fährst, kannst du dich den wöchentlichen Trainingseinheiten der **Skater-Freunde Düsseldorf** anschließen. Meist samstagnachmittags treffen sich interessierte Rollsportler an der Uni Düsseldorf zum Inlineskate-Training. Mehr Infos und Kontaktmöglichkeiten findest du hier:
www.skater-freunde-duesseldorf.de

Ein Erlebnis der besonderen Art sind die **Düsseldorfer Rollnächte**. Neunmal im Jahr wird in der Innenstadt eine 21 km lange Strecke abgesperrt, auf der du mit Gleichgesinnten durch die Abenddämmerung fahren kannst. Angeführt wird die ganze Meute von einem Partywagen, der mit Musik für Stimmung sorgt. Das Tempo kann zuweilen recht hoch sein, daher solltest du vielleicht ein paar Wochen vorher deine Kondition auf Vordermann bringen. Solltest du keine eigenen Inlineskates besitzen, kannst du dir diese meist vor der Veranstaltung gegen Pfand ausleihen.

Und wenn du dich auf Inlinern noch zu unsicher fühlst, bietet dir unter anderem die **Skateschule NRW** Brems- und Sicherheitskurse rechtzeitig vor dem Event an. Start- und Zielpunkt der Runde ist die Reuterkaserne in der Altstadt (Reuterkaserne 1). www.rollnacht.de

Auf dem Wasser

Wer in Düsseldorf lebt, kommt an einem nicht vorbei: dem Rhein. Die einen flanieren an der Uferpromenade, die anderen grillen an den Rheinstränden oder picknicken auf den breiten Wiesen am Wasser. Und wer sich etwas mehr Action auf dem Wasser wünscht, kann sich bei einer Kanufahrt, Jetski, Rafting oder einer Bootstour so richtig austoben.

Wassersport auf dem Rhein

Im Kanu oder Ruderboot an der Uferpromenade entlangzugleiten, vorbei an den wunderschönen Jugendstilbauten von Oberkassel und

den architektonischen Meisterwerken des modernen Medienhafens, ist nicht nur ein tolles Naturerlebnis, sondern verpasst dir gerade an heißen Sommertagen auch die nötige Abkühlung. Düsseldorf bietet sowohl für Anfänger als auch für Profis zahlreiche Wassersportkurse und -touren an. Besonders beliebt sind die Rhein-Kanufahrten zur traditionellen Rheinkirmes und zu Junggesellenabschieden. Anbieter sind zum Beispiel der **Kanusportverein Paddlergilde**, der **Ruderverein 1880 e.V.** oder die **Wikinger Kanufreunde**.
www.duesseldorfer-paddlergilde.de www.drv1880.de
www.wikinger-kanufreunde.de

Wer es wild mag, kann den Rhein mit einem Schlauchboot befahren. Auch wenn der Rhein im Vergleich zu anderen Wildwassern „eher ruhig" ist, ist eine **River-Rafting-Tour** ein buchstäblich mitreißendes Erlebnis. Zum Raften benötigst du keinerlei Grundkenntnisse, allerdings müssen Teilnehmer über 10 Jahre alt sein und schwimmen können. Die River-Rafting-Tour des Anbieters **Querfeldeins** verläuft von Neuss nach Düsseldorf und bietet dabei ein Stadt-Panorama der anderen Art. Ankunftsort ist der Golzheimer Platz. www.querfeldeins.org

Action auf dem Jetski erlebst du bei **Jetmaxx**: Mit bis zu 130 km/h über den Rhein zu brausen ist aber sicher nicht jedermanns Sache. Die Motorradboote kannst du nach einer kurzen Sicherheitseinweisung ohne Führerschein fahren und dann allein oder zu zweit über die Wellen springen. Die Kombination aus Geschwindigkeit und Adrenalin macht die Jetski-Fahrt zu einem einmaligen Erlebnis.
www.jetmaxx.de

Wassersport auf dem See

Wem der offene Rhein mit seinen Wellen und Strömungen zu abenteuerlich ist, der kann die Freiheit auf dem Wasser auch auf dem ruhigeren Unterbacher See genießen. Die rund 90 Hektar große

Wasserfläche bietet genug Platz für Segler, Surfer und Ruderer: Die am Nordufer ansässige **Segelschule Unterbacher See** (Kleiner Torfbruch 31) bietet Segelkurse und den Erwerb von Sportbootführerscheinen an. Wer es lieber etwas gemütlicher hat, kann hier auch ein Ruder- oder Tretboot mieten. Damit kannst du nicht nur kreuz und quer über den See schippern, sondern zwischendurch am Südstrand beim schwimmenden Biergarten des **Strandcafés Ponton** (Am Kleinforst 280) anlegen und dich auch von innen abkühlen.
www.unterbachersee.de --> Segelschule

Bei **Surf'n'Kite** (Am Kleinforst 270) auf der Südseite des Sees geht es eine Nummer sportlicher zu. Von hier aus kannst du auf einem Surfbrett in See stechen – egal, wie stark der Wind weht. Sollte nämlich einmal Flaute herrschen, dann kannst du das Segel gegen ein Paddel eintauschen und dich dem neuen Stand-Up-Paddling-Trend anschließen. Die Surfschule bietet jedes Sommerwochenende Kurse für Anfänger und Fortgeschrittene an.
www.surfandkite-duesseldorf.de

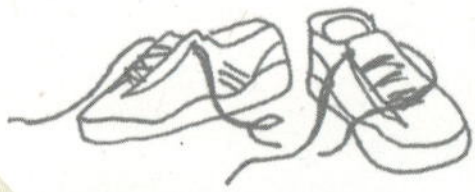

Wandern, Laufen & Radfahren

Wandern

Das dicht besiedelte Umland von Düsseldorf macht auf den ersten Blick vielleicht nicht den Eindruck einer prototypischen Wanderregion. Doch das täuscht: Speziell der Rhein lockt Wanderbegeisterte mit tollen Routen und Naturerlebnissen. Du kannst frische Luft schnappen, nach einer stressigen Woche den Kopf frei kriegen und gleichzeitig etwas für deine körperliche

Fitness tun. Die vergleichsweise geringen Höhenunterschiede machen das Wandern außerdem auch für Anfänger attraktiv. Hier findest du Vorschläge für abwechslungsreiche Wanderwege in Düsseldorf und Umgebung.

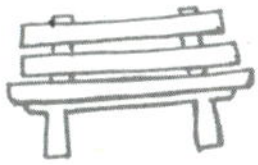

Rund um den Grafenberger Wald (10 km)
Wenn du es etwas bergiger magst, ist diese Wandertour die richtige für dich. Die Route beginnt hinter dem Gerresheimer Krankenhaus und führt durch den Grafenberger Wald in Richtung Galopprennbahn und Wildpark. Über die wenig befahrene Kastanienallee und den Golfplatz gelangst du an den Segelflugplatz, auf dem meistens reges Treiben herrscht. Von hier aus geht's zurück zum Ausgangspunkt. Unterwegs warten im Grafenberger Wald hübsche Fleckchen für ein Picknick.

Den Rhein entlang von Düsseldorf nach Krefeld (18 km)
Nördlich von Düsseldorf erstreckt sich unmittelbar hinter dem Stadtteil Niederkassel eine flache Landschaft, die von Feldern, Wiesen und kleinen Ortschaften geprägt ist. Wenn du mit Bahn und Bus bis zur Theodor-Heuss-Brücke fährst, kannst du von dort aus entlang der linken Rheinseite bis nach Krefeld wandern. An vielen Stellen kannst du aber auch mit Fähren auf die andere Rheinseite überwechseln. Ein abwechslungsreicher, ebener und daher unanstrengender Weg.

Der Düsseldorfer Weg: Von den Rheinterrassen bis nach Kaiserswerth (11 km)
Ebenfalls am Rhein entlang führt rechtsrheinisch der Streckenabschnitt des historischen Düsseldorfer Wegs. Von den Rheinterrassen führt der Weg auf dem Rheindeich flussabwärts an der Messe vorbei bis ins nördliche Kaiserswerth. In diesem wahrscheinlich ältesten Stadtteil Düsseldorfs kann man einige historische Bauwerke bestaunen, darunter die Ruine der Burganlage Kaiserpfalz.

Laufen

Laufsport boomt und hat sich gerade in Düsseldorf zu DEM Volkssport schlechthin gemausert. Kein Wunder: Düsseldorf bietet mit seinen zahlreichen grünen Oasen, Parks und natürlich den Rheinufern optimale Voraussetzungen für Jogger und Walker. Fast jeder Stadtteil beherbergt seine eigene grüne Laufmöglichkeit. Also, in die Sportschuhe, fertig, los!

Besonders ausgeprägt ist die Laufkultur direkt am **Rheinufer**. Hier hat die Stadt zwei schöne Strecken vollständig ausgeschildert, beleuchtet und mit Kilometerangaben versehen. Start und Ziellinie ist für beide Runden der Apollo-Platz am Rheinufer. Die **kleine Brückenrunde** ist etwa vier Kilometer lang und leitet Laufbegeisterte über die Oberkasseler- und die Kniebrücke. Mit rund acht Kilometern Laufstrecke richtet sich die **große Brückenrunde**, die über Knie- und Theodor-Heuss-Brücke führt, eher an fortgeschrittene Läufer. Alle 500 m informieren Markierungen am Wegrand über die zurückgelegte Entfernung.

Aber auch die vielen Grünanlagen und Parks bieten abwechslungsreiche Routen für alle Leistungsstufen. Für Anfänger eignet sich insbesondere der Rundkurs um den gepflegten **Rheinpark** zwischen Rheinterrassen und Theodor-Heuss-Brücke (ca. 3 km).

Geübten Läufern bietet sich die Strecke um den **Unterbacher See** (6 km) oder entlang der linksrheinischen **Rheinuferschleife** (ca. 10 km) mit herrlichem Ausblick an. Reizvolle Laufstrecken findest du aber auch in dem geblümten **Schlosspark Benrath** oder im **Südpark/Volksgarten** mit seinen vielen kleinen verschachtelten Wegen.

Laufsport muss kein Einzelsport sein! Wer sich gerne in Gesellschaft auspowert, kann sich einem der zahlreichen **Lauftreffs** in Düsseldorf anschließen. Ob Jung oder Alt, ob Anfänger oder erfahrener

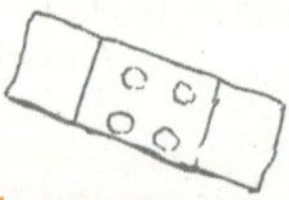

Läufer, die Laufschulen und Leichtathletikvereine der Stadt freuen sich immer über neue Laufbegeisterte. Eine gute Übersicht zu den unzähligen Vereinen Düsseldorfs, die Lauftreffs anbieten, findest du auf den Seiten des Leichtathletikverbandes Niederrhein e.V.
www.lvn-kreis-duesseldorf-neuss.de --> Vereine

Ein echtes Erfolgserlebnis für ambitionierte Sportler sind die über das ganze Jahr verteilten **Laufveranstaltungen** in Düsseldorf. Vom Frühjahrslauf im Volksgarten über den Brückenlauf bis hin zum traditionellen Marathon: Zwischen 2 und 42 km ist für jeden Laufbegeisterten die passende Strecke dabei. Alle Laufevents findest du auf der Seite des Sportamtes der Stadt Düsseldorf.
www.duesseldorf.de/sportamt --> Laufen in Düsseldorf

Radfahren

Düsseldorf lässt sich hervorragend mit dem Fahrrad erkunden. Das liegt nicht zuletzt daran, dass die Förderung des Radverkehrs ein wichtiges Ziel der städtischen Verkehrsplanung ist. Viele Sehenswürdigkeiten und Ausflugsziele liegen zudem nahe beieinander. Dadurch kannst du dir selber deine optimale Route zusammenstellen und abfahren.

Die Stadtverwaltung hat mittlerweile neun Radrouten durch Düsseldorf ausgearbeitet. Du kannst dir die Broschüren am **Service-Point des Amtes für Verkehrsmanagement** (Auf'm Hennekamp 45) abholen oder von der Website herunterladen. Besonders die ebenen Strecken entlang des Rheins eignen sich für eine Fahrradtour. Dabei ist vor allem die linksrheinische Seite zu empfehlen, da sich dort weniger Fußvolk tummelt als an den Kasematten. Und der Ausblick auf die wichtigen Sehenswürdigkeiten wie Rhein- und Schlossturm ist von dort ohnehin viel besser.
www.duesseldorf.de/verkehrsmanagement

Grillen

Unter freiem Himmel schmeckt der Sommer einfach am besten! Was gibt es Schöneres, als sich an einem lauen Sommerabend um ein romantisches Grillfeuer (oder einen rauchfreien Elektrogrill) zu scharen und gemeinsam die mitgebrachten Leckereien zu brutzeln? Und auch wer weder über einen sonnenverwöhnten Balkon, noch eine ruhige Gartenanlage verfügt, muss in Düsseldorf natürlich nicht auf Freiluft-Kulinarik verzichten. Denn Grillen ist in Düsseldorf an vielen öffentlichen Plätzen erlaubt, solange die Grasnabe nicht beschädigt wird.

Ein Mekka für Grillfreunde und Sonnenhungrige sind die Uferplätze direkt am Rhein. Dabei haben beide Flussseiten ihre ganz eigenen Vorzüge. Linksrheinisch laden die weitläufigen **Rheinwiesen von Ober-und Niederkassel** (Kaiser-Wilhelm-Ring) zum Ausbreiten der Grillutensilien ein (Achtung vor Kotfallen!). Beim ersten schönen Sonnenstrahl wird hier jedes Jahr die Grillsaison eingeläutet. Kein Wunder, denn mit herrlichem Ausblick auf den Rhein und die Altstadt schmecken Grillspieße und Salate gleich doppelt so gut.

Wer es etwas abgeschiedener mag, trifft sich an den idyllischen, ebenfalls linksrheinisch gelegenen **Sandstränden in Lörick** (Niederkasseler Deich). Umrandet von dem charmanten Yachthafen reihen sich hier unter schattenspendenden Bäumen kleine, ruhige Sandeinbuchtungen aneinander. Nicht ohne Grund wird dieser Rheinabschnitt auch als „Klein Hawaii" bezeichnet. Hier ist der

Urlaub zum Greifen nah! Am feinsandigen Strand kannst du bei einem Roman entspannen, Würstchen brutzeln lassen oder die vorbeiziehenden Schiffe beobachten. Denn im Gegensatz zu den Oberkassler Rheinwiesen ist es hier auch an heißen Sommertagen nicht überfüllt.

Das rechtsrheinische Pendant bildet der **Rheinpark** zwischen Cecilienallee und Robert-Lehr-Ufer. Hier kommen nicht nur sportlich Aktive, wie Radler, Jogger und Spaziergänger auf ihre Kosten, es ist auch genug Platz für Spiel, Erholung und Grillspaß. Im Café an den Rheinterrassen oder am nahegelegenen Kiosk kannst du dich auch noch spontan mit Proviant und Grillutensilien eindecken.

Wem die Kaltgetränke ausgegangen sind, dem sei ein Besuch im **Sonnendeck** (Niederkasseler Deich 285) nahegelegt. In Sonnenliegen und Strandkörben kannst du hier zu rhythmischen Loungeklängen kühle Drinks und kleine Snacks genießen. Mit Blick auf das von der Sonne funkelnde Wasser treibt der Tag langsam Richtung Sommernacht ...
www.sonnendeck-loerick.de

Der **Unterbacher See** ist ein wahrer Allrounder. Das schöne Naherholungsgebiet ist nicht nur eine absolute Empfehlung in punkto Baden und Wassersport, es sind auch jede Menge Grillstellen vorhanden, an denen du deinen Tag bei heißen Würstchen und kühlem Bier ausklingen lassen kannst. Am See oder auf einem der kleinen Stege kannst du problemlos einen Grill aufstellen und dir mit deinen Freunden die Bäuche vollschlagen.

Du willst auch bei Sommerregen nicht aufs Barbecue verzichten? Dann miete eine **Grillhütte** mit einem schützenden Dach über dem Kopf. Besonders empfehlenswert sind die professionellen Grillplätze am **Unterbacher See** oder im Ratinger Erholungspark **Volkardey**.

Grillen Baden Sonne Eis Kicken

Informationen zu Ausstattung, Anfahrt und Mietpreis findest du hier: www.unterbachersee.de --> Sport und Freizeit --> Grillplätze
www.stadt-ratingen.de --> Freizeit, Kultur, Sport, Tourismus --> Schönes Ratingen --> Parks und Grünanlagen

Picknicken

Mit Freunden gemütlich essen, trinken und plaudern: Wie wär's denn mal mit einem Picknick im Grünen? Also schnell in die Supermarktschlange eingereiht, den Picknickkorb voll gepackt und ab ins Grüne.

Eine wahre Pilgerstätte für Sonnenhungrige sind der **Südpark** (In den Großen Banden) und der angrenzende **Volksgarten**. Allein der Südpark ist mit rund 70 Hektar Gesamtfläche nicht nur der meist besuchte, sondern auch der größte Park in Düsseldorf. Rund um die kleinen und großen Seen, schönen Wege und gepflegten Gartenanlagen lässt es sich gemütlich flanieren und Wasservögel und Libellen beobachten. Doch Bewegung an der frischen Luft macht auch hungrig – Also den Picknickkorb nicht vergessen!

Der **Nordpark** (Stockumer Kirchstr.) beeindruckt mit großzügigen Blumenbeeten und dem japanischen Garten. Die detailverliebte Gartenanlage mit kleinen Teichen, Quellen, Laternen und landesty-

NOTIZEN

Und um bei all den Köstlichkeiten nicht die Strandfigur zu gefährden, kannst du dich für ein Probetraining beim Outdoor Gym anmelden. Vier Mal wöchentlich finden hier Six-Pack-Übungen und Fitnesskurse unter freiem Himmel statt. www.outdoorgym.de --> Mitmachen --> Deine Stadt

pischen Pflanzen, die so bedeutungsvolle Namen wie „Baum des aufrechten Geistes" tragen, erstreckt sich auf ganzen 5.000 m^2. Genug Platz also für deine Picknickdecke! Inmitten des fernöstlichen Idylls kannst du entspannt in der Sonne schlemmen und die Seele baumeln lassen.

Und zuletzt gibt's noch einen echten Geheimtipp: den sogenannten **Paradiesstrand am Hafen** (Hammer Deich). Weil die feinsandige Großstadtoase nicht einfach zu finden ist, kennen sie selbst einige eingefleischte Düsseldorfer nicht. Das hat den Vorteil, dass du auch in der Hochsaison immer ein freies Plätzchen für dich und deinen Picknickkorb findest.

Abseits des Großstadtlärms kannst du hier im Naturschutzgebiet einen romantischen Sonnenuntergang und das einzigartige Panorama der Düsseldorfer Altstadt erleben. Über eine kleine Fußgängerbrücke und die dahinterliegenden Trampelpfade erreichst du das Paradies für Sommer, Sonne und Schlemmereien. Am Paradiesstrand stehen übrigens keine Mülleimer – also Mülltüten mitnehmen!

Schne

Sc

Schnee

Schnee

Schnee
Schnee

Schnee

Schnee

Schnee

Schnee

Schnee

Schnee

Schnee

Winter!

Frostige Zeiten

Schnee kalt Eiskratzen Sauna brrr

Die Düsseldorfer Winter sind eine vertrackte Angelegenheit. Meistens ist es gerade kalt genug, um sich sämtliche Gliedmaßen abzufrieren und doch so warm, dass es nicht schneit – jedenfalls eher selten. Was dabei rauskommt sind dunkle und nasskalte Tage, an denen man sich fast schon über das Eis auf der Windschutzscheibe freut. Wenn du nicht gerade in irgendeinem Jahrhundertwinter steckst, kannst du Rodeln & Co. in Düsseldorf nämlich eher abhaken, Skifahren sowieso. Der Ausdruck „Auf die Piste gehen" lässt sich in Düsseldorf wirklich nur im übertragenen Sinn benutzen.

Weil das für einen langen, nasskalten und dunklen Winter aber nicht reicht, gibt's zum Glück reichlich andere Angebote. Kulturell hat die Stadt einiges in petto, aber auch darüber hinaus bietet sie genügend Schutz vor den rauen Elementen. Wer die Flucht nach vorn antreten will, kann dem Winter natürlich auch draußen trotzen. Rein oder raus, das ist also die große Frage. Wir geben dir ein paar Entscheidungshilfen:

Draußen Winter – drinnen warm

Hallenbäder

In Düsseldorf gibt es **Hallenbäder** für jeden Geschmack: vom Spaßbad mit Rutschen und Wellen bis zum puristischen Becken, in dem Schwimmer stoisch ihre Bahnen ziehen. Insgesamt sind es neun Bäder, wobei man einige schon eher als Wellness-Tempel bezeichnen könnte. www.baeder-duesseldorf.de

Schwimm' in Bilk (Bachstr. 145) ist der Ort für Schwimmer mit Ambitionen. Sechs 25-Meter-Bahnen bieten genügend Platz fürs Bahnenziehen. Im angrenzenden Kursbecken wird Aquafitness in all ihren Spielarten angeboten. Springen kannst du auch: Das 1-Meter-Brett und der 3-Meter-Turm decken jedenfalls den Grundbedarf. Geplantscht wird hier nicht – außer sonntagnachmittags, wenn den Jüngsten Ringe und Bälle ausgehändigt werden. Doch auch das ist eher frühkindliche Wassererziehung als reiner Spaß.

Noch mehr Platz fürs Training bietet das **Rheinbad** (Europaplatz 1). Neben zwölf Bahnen à 25 m erwarten dich hier eine Sprunganlage mit einem 1-Meter- und einem 3-Meter-Brett sowie ein ganzjährig geöffnetes Außenbecken. Der Außenbereich ist dafür eher etwas für Wellness-Liebhaber als für Trainingsversessene, denn hier gibt's Massagedüsen und ein integriertes 30°C-Becken.

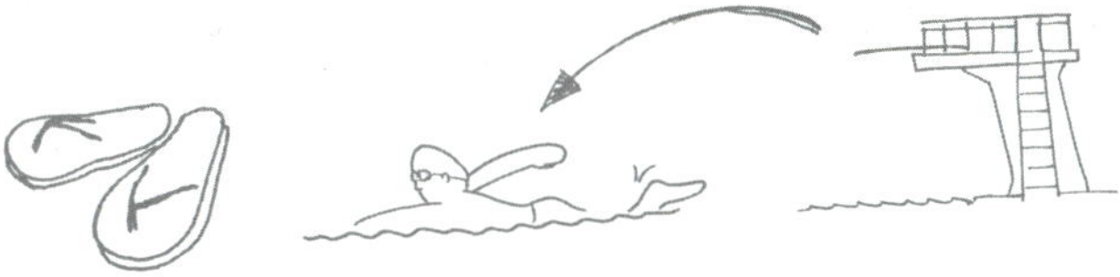

An sich ist das **Hallenbad Eller** in der Dieter-Forte-Gesamtschule (Heidelberger Str. 75) nur für Schulen und Vereine geöffnet. Die Ausstattung ist mit nur einem kleinen Becken auch eher spartanisch. Zweimal die Woche wird allerdings Frühschwimmen mit Wassergymnastik angeboten – Fitness für Groß und (ganz) Klein.

Hallenbäder mit Sauna

Der **Düsselstrand** (Kettwiger Str. 50) ist DAS Freizeit- und Erlebnisbad der Stadt. Wenn dich jemand einfach „zum Schwimmen" einlädt, geht es sicher zum Düsselstrand. Verständlich, denn das Bad ist mit Abstand das actionreichste. Rutschen, Geysire, Whirlpools – hier bleibt im wahrsten Sinne des Wortes kein Auge trocken. Etwas ruhiger geht es im 25 m langen Schwimmerbecken zu, wenn man nicht gerade auf der Überholspur unterwegs ist. Für den Sommer gibt es einen Außenbereich, im Winter kannst du in der Saunalandschaft entspannen oder das Massageangebot nutzen.

Das **Hallenfreibad Benrath** (Regerstr. 5) lockt bibbernde Frostbeulen mit Solebecken, finnischer Sauna und Massage. Außerdem fehlen natürlich das klassische Becken (fünf Bahnen à 25 Meter) sowie ein Sprung- und ein Plantschbecken für die Kleinen nicht.

Das **Gartenhallenbad Unterrath** (Mettlacher Str. 55) bietet neben einem Becken in Standardgröße auch ein Außen- und ein Massagebecken. Die Jüngsten können plantschen, die Älteren Sauna und Massage genießen und im Bistro Aloha gibt es Snacks für den kleinen Hunger.

Das **Gartenhallenbad Oberkassel** (Lütticher Str. 1) ist eher überschaubar, bietet aber die Grundausstattung an Sauna, Massage und Becken. Vor allem die linksrheinischen Düsseldorfer besuchen ihr Gartenhallenbad gerne.

Therme und Sauna

Auch bei den Themen Sauna, Dampf und warmes Wasser hat Düsseldorf einiges zu bieten. Eine riesige Spa-Anlage am Elbsee ist gerade in Planung und soll 2015 fertig sein. Bis es so weit ist, kannst du dich als (Wahl-)Düsseldorfer aber auch mit den schon bestehenen Angeboten gut warmhalten:

Die **Münster-Therme** (Münsterstr. 13) wurde 1902 erbaut und ist eines der wenigen Kaiserbäder, das von Kriegen und Abriss verschont wurden. Das Interieur ist dementsprechend fürstlich: Eine Säulenhalle überspannt das 30°C warme Becken. Draußen gibt's ein Solebecken, in dem du selbst im Winter fröstelfrei schwimmen kannst. Sauna und Massage findest du hier ebenfalls, zusätzlich noch ein Gewölbedampfbad mit Natursteinbänken und eine Salzgrotte. Die Münstertherme wird aufgrund ihrer kaiserlichen Aufmachung übrigens auch für kulturelle Veranstaltungen genutzt. Zum Beispiel fand hier die Welturaufführung einer Unterwasseroper statt.

Einen Saunabereich der Extraklasse kannst du ebenfalls im **Saunabad Niederheid** (Paul-Thomas-Str. 35) erleben. Die Saunalandschaft wartet drinnen mit Kaminöfen auf und ist draußen in einen Garten mit Teich und Kieswegen integriert – Blockhüttengefühl pur! Dazu gibt's natürlich auch ein Schimmerbecken mit 25-Meter-Bahnen und ein Außenbecken zum Abkühlen.

Dampfbad

Ins orientalische Dampfbad-Vergnügen kannst du im **Türkischen Hamam** (Birkenstr. 41) eintauchen. Öl- und Schaummassagen werden mit einem Saunagang kombiniert und wenn du das Deluxe-Paket wählst, kommst du sogar noch in den Genuss edler Rosenlotion und einer Rosenmaske. Die Auszeit kostet in diesem Fall zwar so viel wie ein Kurzurlaub, aber immerhin sind Peelinghandschuh und Tee im Preis inbegriffen. Vor dem Besuch solltest du allerdings nachschauen, ob Männer- oder Frauentag ist.
www.hamam-duesseldorf.com --> Öffnungszeiten

Salzgrotten

Salzgrotten sind der neueste Hype in Sachen Wellness und deshalb natürlich auch in Düsseldorf vertreten. Hier kannst du jeweils eine dreiviertel Stunde lang salzige Luft tanken. Das tut gerade im Winter den heizungsgeschädigten Atemwegen gut und entspannt.

Die **Salina del Carmen** (Stresemannstr. 4) ist eher schlicht gehalten und entspricht genau der Vorstellung, die man von einer Salzgrotte hat: Gewölbedecke und karge Wände. Immerhin ist der

Boden ein bisschen beleuchtet. Leicht esoterisch wird's hier bei den regelmäßig stattfindenden Klangschalensitzungen. www.salzgrotte-duesseldorf.de

Im **Yetigold** (Kölner Str. 181) mutet das Ambiente verspielt-futuristisch an. Die Wände leuchten in Blau- und Rottönen und erinnern stark an die Salzkristall-Lampen aus dem Feng-Shui-Laden. Die 45-Minuten-Sitzungen sind hier etwas günstiger und wenn du vorher im Kino warst (und den Trailer der Grotte gesehen hast), bekommst du nach Vorzeigen des Kinotickets noch 30 % Rabatt. www.yetigold.de

Indoor-Sport

In aller Regel scheitern die guten (Sport-)Vorsätze des Jahres spätestens im Winter. Bei winterlichen Temperaturen nicht nur vor die Tür zu gehen, sondern sich auch noch sportlich zu betätigen, ist meistens einfach zu viel verlangt. In überdachten, beheizten Hallen wird das Durchhalten deutlich erleichtert und beim Beachvolleyball flackert sogar etwas Sommerstimmung auf.

Alles und noch mehr

Cosmo Sports (Diepenstr. 83) ist die Indoor-Sport-Adresse Nr. 1. Auf 21.000 m² werden zwölf Sportarten angeboten und es kommen regelmäßig neue dazu. Hier kannst du den Tag wahlweise mit Ball und Schläger verbringen, an der Kletterwand, beim Bowling, Fußball oder Tanzen. Anschließend bietet eine Runde Schwitzen in der Sauna die nötige Entspannung. www.cosmo-sports.de

Die **Halle Mensch** (Posener Str. 156) hat nach kurzer Pause neu eröffnet und bietet die gleiche gelungene Kombination wie vorher: Klettern und Bouldern neben Beachfeldern, auf denen du Volleyball und Fußball mit Südseefeeling spielen kannst. Ein Tag am Strand bei angenehmer Temperatur ist sonst wohl kaum so günstig zu haben wie hier. www.hallemensch.de

Ball und Schläger

Viele Düsseldorfer zieht es auch für Squash und Co. zu **Cosmo Sports** (Diepenstr. 83). Du kannst aber auch dort den Schläger schwingen, wo man auf Schlägersport spezialisiert ist:

Alle Badminton-Begeisterten sollten sich das **Badminton Center Mörsenbroich** (Vogelsanger Weg 50) merken. Die Halle ist komplett mit schwingendem Boden ausgestattet und schont so beim Match auf einem der 18 Felder deine Gelenke.
www.badminton-center.com

Wer nicht immer nur Badminton spielen will, sondern auch von Squash und Tennis angetan ist, kann seine Leidenschaft für diese Schlägersportarten im **Sportpark Büderich** in Meerbusch (Hülsenbuschweg 8) ausleben. www.sportpark-büderich.de

Fußball und Cageball

Im **Cageball-Center** (Ulenbergstr. 5) sind die Spielfelder rundum von Netzen und Banden umgeben, so dass der Ball immer im Spiel bleibt. Das garantiert eine extra schnelle und spannende Fußball-Partie. Ambitionierte Teams können an der internen Cageball-Liga teilnehmen. www.cageball-duesseldorf.de

Das **Indoor Soccer Center** (Nierster Str. 94 in Meerbusch, 8 km bis Düsseldorf) ist die nächstgelegene Cageball-Alternative außerhalb Düsseldorfs. Die passende musikalische Untermalung aus den Lautsprechern sorgt außerdem dafür, dass du dich ein bisschen wie im echten Fußball-Stadion fühlst. www.indoor-soccer-center.de

Klettern und Bouldern

Auf 550 m² bietet das **Klettermassiv** (Wiesenstr. 76) 200 Kletterrouten in verschiedenen Schwierigkeitsstufen. Die Boulder-Möglichkeiten hingegen sind mit nur einem kleinen Strukturfelsen eher beschränkt. Im Sommer werden die Rolltore geöffnet und es kommt viel Licht und Luft in die Halle. Im Winter bekommst du in warm-kuscheliger Hallenatmosphäre zum Glück nichts vom Schmuddelwetter draußen mit. www.klettermassiv.de

In der Kletterhalle **MOVE** (Diepenstr. 83) kannst du im Stadtteil Gerresheim auf ganzen 640 m² in die Vertikale steigen. Aus rund 70 Kletterrouten in allen Schwierigkeitsgraden sowie einem Boulderbereich mit Slackline kannst du dir genau die mentale und körperliche Herausforderung suchen, zu der du gerade bereit bist. Für Klettereinsteiger werden außerdem passende Kurse angeboten. www.kletterhalle-move.de

Billard

Einen Billardtisch findet man ja in etwa jeder zweiten Eckkneipe, doch oft sind die etwas mitgenommen oder die Gäste einfach zu bierselig für ein ernsthaftes Spiel. Alternativen dazu findest du zum Beispiel hier:

In **Frank's Billard Café** (Kölner Str. 40a) können an acht Pool-Tischen Kugeln versenkt werden und die Tische sind allesamt gut in Schuss. Hier wird unverkrampft, aber ernsthaft gespielt. Nettes Personal, gute Stimmung – bei Frank fühlt man sich einfach wohl. www.franks-billard-cafe.de

Rein optisch ist das **Billardzentrum** (Schiessstr. 3) etwas gewöhnungsbedürftig: grüne Wände, ein paar Palmen, dazwischen einarmige Banditen und ein großes Buddha-Relief. Beim Spielen an den 17 Tischen geht es aber wesentlich geordneter zu. Außerdem gibt's Tipps und Tricks vom Personal – die netten Menschen sind vom Fach. www.billardzentrum-duesseldorf.de

Kegeln und Bowling

Merkur Bowling (Fichtenstr. 2) ist mit 16 Bahnen, leuchtenden Flatscreens darüber, puristischen Tischen und Sitzgelegenheiten eindeutig die C-Klasse unter den Bowlinganbietern. Und brauchst du mal eine Verschnaufpause vom Bowlen kannst du hier übrigens auch Billard, Dart oder Airhockey spielen. www.merkurbowling.de

Das **Bowling Sportzentrum Düsseldorf-Benrath** (Wimpfener Str. 18a) kann mit diesem Schick nicht mithalten. Die 10 Bahnen sind aber durchaus anständig und du hast den Vorteil, dass du als Freizeitbowler auch für 2,90 Euro eine Runde spielen kannst, ohne gleich die ganze Bahn stundenweise mieten zu müssen. www.bowling-duesseldorf.de

Schnee Eiskratzen Sauna kalt brrr

Kugeln mit Löchern sind dir suspekt? Dann bist du vielleicht eher fürs Kegeln gemacht. Ein Besuch der **S-Manufactur** (Flinger Broich 91) lohnt sich aber allein deshalb, weil die zwei Kegelbahnen als Goldmine und Aquarium gestaltet sind. Wer trifft, bringt den Haifischkopf zum Leuchten. Ganz nebenbei kannst du hier übrigens auch gutbürgerlich essen. www.s-manufactur.de

Eislaufen

Die **Eisstadion Brehmstraße** (Brehmstr. 27) hatte einst Kultstatus, wenn es um Eissport ging. Die Metro Stars der Düsseldorfer Eislauf Gemeinschaft (DEG) sind zwar längst in den ISS Dome umgezogen, die Fans aber sind geblieben. Mit 2,30 Euro für 2 Stunden ist der Eisspaß hier auch sehr erschwinglich. www.duesseldorf.de
--> Leben in Düsseldorf --> Freizeit, Sport
--> Sportamt --> Eisstadion Brehmstraße

Und bei **Kasper** direkt nebenan kannst du dir eigene Schlittschuhe zulegen, Kufen schleifen lassen und alte DEG-Poster bewundern. www.eissportkasper.de

Der Düsseldorfer Süden wird von der **Eislaufhalle Benrath** (Paulsmühlenstr. 6) mit spiegelglatten Eisflächen versorgt. Etwas teurer ist das Laufen hier, aber mit 4 Euro durchaus noch bezahlbar.
www.sparkassen-eissporthalle.de

Die **Eissporthalle Neuss** (Jakob-Koch-Str. 1 in Neuss, 10 km bis Düsseldorf) bietet dir unweit der Düsseldorfer Stadtgrenze eine weitere Eislaufmöglichkeit. Für 4,40 Euro gibt's hier 30 mal 60 Meter Eis, das Vorhängeschloss für den Spind musst du selbst mitbringen. www.stadtwerke-neuss.de --> meine freizeit
--> einrichtungen
--> eissporthalle

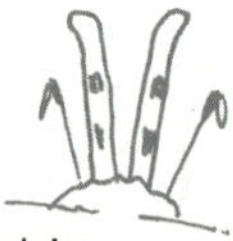

Indoor-Ski

Die **Skihalle Neuss** (An der Skihalle 1 in Neuss, 10 km) wird im Volksmund auch als Rheinischer Gletscher bezeichnet. Die Halle ist

das erste und einzige Skigebiet im Rheinland – mit täglich frischem Pulverschnee auf einer 100- und einer 300 Meter-Piste. Für alle Wintersport-Neulinge werden Skifahren und Snowboarden auch vor Ort unterrichtet, Rodeln klappt in den meisten Fällen auch so. Eine gute Portion Berghüttenromantik gibt's in den zwei Kneipen am Fuße der Piste, in denen häufig Après-Ski- und Schlagerstars auftreten. www.allrounder.de

Die angeblich längste Skihalle der Welt ist das **alpincenter** (Prosperstr. 299-301 in Bottrop, 50 km bis Düsseldorf). Hier erwartet dich vor allem eine gewaltige Piste (640 m lang) und für alle, die erst mal klein anfangen wollen, gibt es einen Anfängerhang. Im „all inclusive"-Ticket für 32 Euro sind Ausrüstung und Verpflegung inbegriffen. www.alpincenter.com --> Bottrop

Indoor-Alternativen

Für Kälte und Schnee willst du keinen Eintritt zahlen? Der klassische Indoor-Sport ist dir zu langweilig? Spektakulär und schneefrei geht auch, nur nicht direkt in Düsseldorf. Aber fast.

Hinter **Magic Kart** und **Mission Magic** (Hans-Sachs-Str. 17 in Hilden, 16 km bis Düsseldorf) verbergen sich eine Kart-Bahn und ein Lasertag-Spielfeld. Du hast also die Qual der Wahl: Lieber ein paar Runden drehen oder den Phaser auspacken? www.magic-kart.de

Die **Paintball Halle Monheim** (Robert-Bosch-Str. 1 in Monheim, 20 km bis Düsseldorf) bringt Farbe in die tristen Wintermonate. Auf 4500 m² erwarten dich ein Western-Feld mit Saloon und Kakteen, eines mit Sci-Fi-Elementen und ein SupAir-Turnierfeld. www.paintball-monheim.de

Einfach mal loslassen: In der **Air Power Arena** (Rheinstr. 6a in Hückelhoven, 50 km bis Düsseldorf) kannst du beim Bodyflying das Gefühl der Schwerelosigkeit erleben. Nach kurzer theoretischer

Einweisung kann's losgehen. Ein Luftstrom mit über 180 km/h lässt dich frei im Windkanal schweben. www.air-power-arena.de

Individual- und Teamsport

Wenn du den klassischen Vereinssport liebst, bist du mit Studentenausweis oder als Uni-Angehöriger mit dem **Hochschulsport-Angebot** von Basketball bis Wing Tsun bestens versorgt. Aber auch als Nichtangehöriger der Uni kannst du gegen eine vergleichsweise niedrige Gebühr von 95 Euro für zwei Semester an deinem Fitness-Level schrauben. www.uni-duesseldorf.de/hochschulsport

Wenn Uni-Luft nichts für dich ist, hast du auch immer die Möglichkeit, das große Angebot der **Düsseldorfer Sportvereine** zu nutzen – meist gibt es in jedem Stadtteil gleich mehrere. Auch hier ist die Mitgliedschaft in der Regel nicht allzu teuer und berechtigt zur Teilnahme am gesamten Vereinsangebot.

Raus in die Kälte!

Die Neusser Skihalle ist ja ein netter Versuch, aber an sich gehen die Worte Wintersport und Rheinland nicht so gut zusammen. Ein paar Jahre lang wurde für den Ski-Weltcup am Rheinufer noch Kunstschnee aufgeschüttet, inzwischen findet der Cup aber nicht mehr in Düsseldorf statt – das bisschen Wintersportglamour ist also auch dahin. Was bleibt, sind ein paar bewährte Rodelbahnen, für den Fall, dass doch mal etwas Schnee fällt.

Rodelbahnen

Im Hofgarten lässt es sich hervorragend den **Napoleonshügel** hinunterschlittern. Hier, in der nordöstlichen Ecke des Parks, fährt man eher sanft gleitend als halsbrecherisch. Der Hügel eignet sich also bestens für Einsteiger.

Etwas wilder rodelt man am **Kleineforstweg** gleich neben dem Golfplatz. Die Anhöhe ist recht steil, aber weitgehend barrierefrei. Viel schiefgehen kann hier nicht.

Einiges Können verlangt die **Rodelbahn im Grafenberger Wald** (Ecke Graf-Recke-Str./Ernst-Poensgen-Allee). Zwischen Bäumen wird das Schlittenfahren zum Slalomtraining.

Eislaufen

Eislaufen auf freien Gewässern ist in Düsseldorf kaum möglich. Legenden zufolge konnte man vor zig Jahren einmal den zugefrorenen Rhein überqueren, vor nicht ganz so langer Zeit immerhin den Unterbacher See. Offiziell ist das alles aber nicht erlaubt und tatsächlich zu gefährlich, wenn sich die Temperaturen mal um den Nullpunkt bewegen. Aufs Eislaufen unter freiem Himmel musst du trotzdem nicht verzichten:

Während der Weihnachtszeit stellt die Stadt Düsseldorf ihren Bewohnern eine **Eisbahn auf dem Gustaf-Gründgens-Platz** zur Verfügung, die kostenlos genutzt werden kann. Hier fährst du nicht immer ganz ruckelfrei, aber eben für lau. Unterm Strich ein ganz guter Deal.

Das **Eissportzentrum Grefrath** (Stadionstr. 161 in Grefrath, 40km bis Düsseldorf) ist dagegen eine ganz andere Hausnummer. Es bietet Halle, Außenzelt und einen 400 m Außenring. Hier kommen selbst ambitionierte Eisläufer auf ihre Kosten. www.eisstadion.de

Etwas wirklich Besonderes ist die **Zollverein Eisbahn** (Arendahls Wiese in Essen, 35 km bis Düsseldorf). Die 150 Meter lange Eisbahn führt nämlich durch die ehemaligen Koksöfen. Und als wäre der Industrie-Schick nicht einmalig genug, bringt eine mehrfarbige Lichterinstallation die Öfen abends zum Erstrahlen.
www.zollverein.de/eisbahn

Skigebiete

Skifahren unter freiem Himmel ist im Rheinland schlicht unmöglich, doch zum Glück sind **Eifel** und **Sauerland** nicht allzu weit entfernt. Mit Süddeutschland können diese Gebiete zwar nicht mithalten, aber einige Pisten und Loipen kommen da schon zusammen.

Vier Pisten, 60 km Loipen und ein Rodelhang erwarten dich z.B. im Eifeler Skigebiet **Monschau-Rohren** (etwa 100 km bis Düsseldorf). Das ist insgesamt eher etwas für Anfänger als für Profis, taugt aber auf jeden Fall fürs schnelle Winterfeeling zwischendurch.

In **Willingen** (etwa 170 km bis Düsseldorf) findest du die längsten Pisten im Sauerland, außerdem 90 km Loipen, ein Biathlonstadion mit Schießstand, eine Eislaufhalle und Rodelhänge. Wem da langweilig wird, der ist selber schuld. www.winterpark-willingen.info

Das wohl beliebteste (und größte) Skigebiet für NRWler ist das **Skiliftkarussell Winterberg** (etwa 170 km bis Düsseldorf). „Karussell" bedeutet hier, dass mehrere Berge und Täler durch Pisten und Lifte miteinander verbunden sind. 32 Abfahrten sind es insgesamt, darunter sowohl blaue als auch rote und schwarze Pisten. Ob Profi oder blutiger Anfänger – in Winterberg sind alle gut aufgehoben.
www.skiliftkarussell.de

Weihnachtszeit

Weihnachtsmärkte

Alle Jahre wieder liegt in der Landeshauptstadt der Duft von gebrannten Mandeln und Glühwein in der Luft. Allein in der Innenstadt gibt es sechs verschiedene Weihnachtsmärkte, in den einzelnen Stadtteilen kommen noch mehr dazu.

Jeder innerstädtische Markt ist anders und wirklich liebevoll gestaltet. Außerdem sind die kleinen Hütten ein echter Touri-Magnet. Vor allem Niederländer und Briten überfallen im Dezember busseweise die weihnachtlichen Stände. Aber auch die meisten Düsseldorfer sagen nicht Nein zu einem Glas Feuerzangenbowle und einer krossen Bratwurst. Die schönsten Märkte in der Innenstadt findest du hier:

Der **Marktplatz** bietet mit dem Rathaus und dem Reiterstandbild die schönste Kulisse für die kleinen Buden und Holzhüttchen. Zwischen den allgegenwärtigen Fress-Ständen findest du hier auch viel Kunsthandwerk – und kannst einigen Kunsthandwerkern sogar bei ihrer Arbeit über die Schulter schauen. Weihnachtliches Highlight auf dem Marktplatz ist ein etwa 100 Jahre altes, restauriertes Karussell.

Auf dem **Heinrich-Heine-Platz** wird der Jugendstil-Musikpavillon zum Glühweinstand und gibt optisch den Ton des dort stattfindenden Engelchenmarkts vor: jede Menge verschnörkelte, sandsteinfarbene Buden, Millionen kleine Lichter und ganz viele Engel natürlich.

Den **Gustav-Gründgens-Platz** solltest du allein schon wegen der kostenlosen Eisbahn besuchen. Das illuminierte Schauspielhaus im Hintergrund sorgt für die richtige Optik und auch kulinarisch ist man hier gut versorgt. Außerdem findest du hier ein weiteres Retro-Karussell.

Absolutes Muss zur Winterzeit ist eine Fahrt auf dem Riesenrad **Wheel of Vision** (Burgplatz), das schon im Herbst aufgebaut wird und noch bis weit ins neue Jahr Besucherströme anzieht. Die Gondeln sind geschlossen und beheizt und wer will, kann noch diverse komfortable Specials dazubuchen: von Foodbox bis Champagner. Günstig ist das natürlich nicht, aber der schöne Ausblick über die Stadt ist einiges wert. www.duesseldorf.riesenrad.info

Weihnachtsspezialitäten

Fürs weihnachtliche Gans-Essen zieht es viele Düsseldorfer in die **Hausbrauerei Zum Schlüssel** (Bolkerstr. 43). Die Gans wird mit Rotkohl und Klößen serviert, wahlweise aber auch mit Bratapfel. Dazu bestellst du am besten das hauseigene Schlüssel-Alt und zum Nachtisch „Kille Vanille" (Vanilleeis mit Kräuterschnapssoße). www.zumschluessel.de

Gagliardi (Kapuzinergasse 2) ist die erste und einzige Düsseldorfer Mandelbrennerei. Zwar gibt es die zuckrigen Mandeln das ganze Jahr über, an Weihnachten duftet es hier aber besonders verführerisch und von Zimt bis Chili bleiben keine (Weihnachts-)Wünsche offen.

Bei **Otto Bittner** (Königsallee 60d, Carlsplatz 20/21) gibt es die berühmten Kö-Diamanten und jede Menge weitere Düsseldorfer Pralinen- und Gebäckspezialitäten. Zum Beispiel das typisch rheinische Schmalzgebäck Muzen oder hausgemachte Spekulatius. www.otto-bittner.de

Auch **Heinemann** (Martin-Luther-Platz 32, Bahnstraße 16, Königsallee 1) ist eine gute Adresse für alle, denen der Sinn nach weihnachtlichen Leckereien ohne Chaos in der eigenen Küche steht.

Unschlagbar sind hier vor allem die Baumkuchenvariationen – mit Glasur oder Schokolade. Heinemann ist außerdem für seine Torten bekannt. Die Sachertorte ist die vielleicht beste außerhalb Österreichs. www.konditorei-heinemann.de

Musik Musik

Mus

abhorsten

D

DJane

abhorsten

abhorsten

Feiern
Feiern
Feiern
Musik
Club
Musik
Club
DJane
Musik
Club
Flirt-Faktor
Flirt-Faktor
Musik abhorsten
Musik
Musik
Flirt-Faktor
Club
Musik

Musik DJane Club Flirt-Faktor abhorsten

Wenn es dunkel wird in Düsseldorf und Umgebung, gehen vielerorts die Lichter erst an. Dann strömen Nachteulen aus der ganzen Region durch die Straßen der Landeshauptstadt. Die Luft pulsiert förmlich im Takt der Bässe und es wird hemmungslos und gut gelaunt gefeiert. Egal, ob schick, lässig oder schrill, die heißen Beats und flackernden Lichter lassen die Herzen höher schlagen und rhythmisch zuckende und schwingende Körper bewegen sich über die Dancefloors der Rheinmetropole.

Der Hotspot der ganzen feucht-fröhlichen Feierei ist die Altstadt. Nicht umsonst wird sie in einem Düsseldorfer Karnevalslied als „längste Theke der Welt" besungen. Rings um Bolkerstraße, Kurze Straße und Ratinger Straße reihen sich Clubs, Bars und Kneipen aneinander. Du findest hier alles von der Schlagerparty bis zur Kellergruft für Punks. Gefeiert wird in meist friedlicher Symbiose. Viele gehen erst nach Hause, wenn die Straßenreinigung kommt, um die Überreste einer weiteren wilden Altstadtnacht zu beseitigen. Als richtiger Düsseldorfer musst du das einfach miterlebt haben.

Den perfekten Party-Abend beginnst du am besten in einer der zahlreichen Cocktailbars oder mit einem frisch gezapften Alt in einem der Brauhäuser.

Beliebte Anlaufstelle dafür ist zum Beispiel die **Brauerei Kürzer** (Kurze Str. 18-20). Gute Idee für den Sommer: Hol dir dein Bierchen am Kiosk und setz dich damit auf die Rheintreppen. Hier kannst du ganz gemütlich dem Sonnenuntergang entgegenfiebern. An lauen Sommerabenden trifft sich hier eine bunte Mischung aus Studenten, Touristen und Einheimischen, die alle in entspannter Atmosphäre den Blick auf die schicken Stadthäuser von Oberkassel genießen. Ab 23.00 Uhr kannst du dich so langsam auf die Suche nach einem geeigneten Dancefloor machen. Die Auswahl ist groß und nicht selten hat man die Qual der Wahl.
www.brauerei-kuerzer.de

Clubs, Discos und Dancefloors

Du schmeißt dich gerne in Glitzerfummel und bringst auf schwindelerregend hohen High Heels die Luft zum Knistern? Oder triffst du dich doch lieber in lässiger Runde mit Freunden? Hier bekommst du einige Tipps, wo es sich am besten in den Sonnenaufgang tanzen lässt:

Anaconda Lounge (Andreasstr. 11): Eine Lounge im Retrostil mit Discokugeln und kleiner Tanzfläche, in der internationale DJs Elektromusik auflegen. An der geschlängelten Bar, in einer der gemütlichen Sitzecken oder auf dem vollen Dancefloor kommst du schnell mit anderen ins Gespräch. Das Publikum ist bunt gemischt – von schick bis sportlich ist alles dabei. Mittwoch bis Samstag kannst du hier schon ab 20.00 Uhr mit einem leckeren Cocktail in den Abend starten. Die Happy Hour geht bis 23.00 Uhr. Ab 22.00 Uhr solltest du dich auf den Dancefloor begeben.
www.facebook.com/ANACONDA.LOUNGE

Ballermann 6 (Bolkerstr. 20): Wer nicht mehr länger auf den nächsten Malle-Urlaub warten kann, geht ins Ballerman 6. Auf drei Floors werden Schlager, Neue Deutsche Welle und Charts gespielt. Lautes Mitsingen bei „Hölle, Hölle, Hölle" ist ausdrücklich erwünscht. Von Dienstag bis Sonntag kannst du hier ab 20.00 Uhr Party machen. Freitags und samstags öffnet der Club sogar schon um 19.00 Uhr seine Tore. Der Eintritt ist frei.
www.ballermann6-duesseldorf.de

Noch mehr Mallorca-Urlaubsstimmung bekommst du im **Oberbayern** (Bolkerstr. 37), in der **Villa Wahnsinn** (Bolkerstr. 23) und in **Antons Bierkönig** (Bolkerstr. 23–25).
www.oberbayern-duesseldorf.de
www.villa-wahnsinn.info
www.antonsbierkoenig.de

Chateau Rikx (Belsenplatz 2a): Auf der „Schäl Sitt" (Düsseldorfer Platt: falsche Seite; gemeint ist die linke Rheinseite) gelegen, ist diese Mischung aus Kneipe, Viertelbar und Club eine willkommene Alternative zur Altstadt. Obwohl man sich im schicken Oberkassel befindet, erwartet einen das Chateau Rikx trendig heruntergekommen mit legerer Atmosphäre und Coolness. Die ehemaligen Räume eines Reifenhändlers haben sich zur In-Location der Oberkasseler Szene gemausert. Dafür wird am Wochenende sogar angestanden. (Montag bis Donnerstag und Sonntag 18.00 bis 0.00 Uhr, Freitag und Samstag 18.00 bis 3.00 Uhr). www.chateau-rikx.de

Cube (Mertensgasse 8): Tagsüber Vintage Store, nachts „Diskothek für Subkultur". Das Cube ist die perfekte Szene-Location in der Altstadt. An der Bar kannst du gemütlich sitzen und quatschen, zum Tanzen geht es in den Gewölbekeller.

Hier läuft mittwochs House und Elektro, donnerstags heißt es „Shake That Thing" (Hip-Hop, Ghetto Funk, Global Wobble) und freitags und samstags wechseln sich verschiedene Partys ab. Für Spezial-Partys wie Dubstep@Cube (jeden 3. Donnerstag im Monat) und am Wochenende zahlst du 3 bis 5 Euro Eintritt. Wenn du vor 23.00 Uhr da bist, bekommst du den Stempel meistens schon für ein freundliches Lächeln. Am „StuDienstag" kommst du umsonst rein und das Astra kostet nur 2 Euro. Dann gibt es Kickerturniere, Musikquiz und Getränkespecials. www.dascube.de

Les Halles (Schirmerstr. 54) bringt Pariser Charme in den ehemaligen Güterbahnhof. In den mit Goldstuck und barocken Kronleuchtern dekorierten Hallen fühlst du dich wie im Wohnzimmer des Sonnenkönigs. Getanzt wird zu House, Dance Funk und Classics (freitags und samstags ab 22.00 Uhr, Eintritt 6 Euro). Wenn du eine Pause brauchst, lässt du dich einfach auf eines der plüschigen Sofas fallen oder trinkst ein Weinchen an der Bar. Die ganze Woche über bekommst du im Restaurant köstliche Speisen serviert.

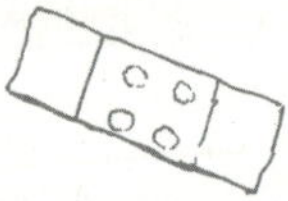

Nachtresidenz (Bahnstr. 13-15): Die von den Düsseldorfern liebevoll „Nachtresi" genannte Großraumdisco ist auch weit über die Stadtgrenzen für ihre Extravaganz bekannt. In direkter Nachbarschaft zur Königsallee feierst du hier stilvoll und schick. Das Herzstück des ehemaligen Kinos ist der 13 m hohe Kuppelsaal.

Hier kannst du zu einer bunten Mischung aus House, Pop, Hip-Hop, Latin und Soul tanzen. Oder du bewunderst das Partyvolk von der Empore aus mit einem Drink in der Hand. Im etwas kleineren Club kann der Kenner zu House und R'n'B die Hüften schwingen. Wenn du eine Auszeit brauchst, lädt dich die Lounge mit vielen Sitzmöglichkeiten und Drinks zum Plaudern und Entspannen ein. Freitags, samstags und vor Feiertagen kannst du hier ab 23.00 Uhr im Discolicht baden. Der Eintritt kostet um die 10 Euro. www.nachtresidenz.de

Papagayo (Mertensgasse 2): Dieser Club ist südländisch, bunt und studentisch. Von Dienstag bis Samstag kannst du zu House, R'n'B und Hip-Hop zeigen, was du tanzmäßig so drauf hast. Am Wochenende tanzt du hier sogar in zwei Areas. Donnerstags solltest du deinen Sombrero auspacken, denn da ist Mexican Night im Gewölbekeller. Der Tequila fließt in Strömen und es gibt Nachos for free. Schon um 20.00 Uhr geht's los. Am Wochenende zahlst du ab 22.00 Uhr 3 Euro Eintritt. www.elpapagayo.de

Pitcher (Oberbilker Allee 29): In dieser grundehrlichen Rockerkneipe trinkst du in lockerer Atmosphäre dein Bierchen und darfst zu guter und lauter Musik – sehr oft auch live - richtig abrocken. Stilecht kann man hier flippern, kickern und Billard spielen. Auch beim Dart darfst du deine Treffsicherheit unter Beweis stellen. Montags bis samstags heißt es hier ab 17.00 Uhr: Let's Rock'n'Roll! Tickets für die Live-Konzerte kosten zwischen 10 und 20 Euro. www.pitcher29.com

Rudas Studios (Kaistr. 7): Film ab! In den ehemaligen Film- und Tonstudios kannst du dich ganz wie ein Filmstar fühlen. So solltest du dich aber auch bitte kleiden. High Heels für die Damen und Anzüge für die Herren sind ein Muss. Die Studio-Akustik sorgt für brillanten Sound, egal, ob die Musik vom DJ-Pult oder von einem der vielen Live-Acts kommt. Auf der Afterwork-Party kannst du dienstags ab 20.00 Uhr in den Feierabend tanzen. Rein kommt nur, wer mindestens 21 Jahre alt und Mitglied im Club ist. Mitglied werden kannst du online unter: www.rudasstudios.com

Salon des Amateurs (Grabbeplatz 4): Hipster, Intellektuelle und ausgeflippte Menschen kreuzen deine Bahnen? Dann hast du deinen Weg in den Salon des Amateurs gefunden. Hier tanzt du am Wochenende mit den Kreativen aus Düsseldorf und der ganzen Welt bis in die frühen Morgenstunden. In direkter Nachbarschaft zur Kunsthalle legen hier lokale und internationale DJs eine Mischung aus Elektrobeats und Alternative auf. Unter der Woche gibt es Lesungen, Filmabende und noch vieles mehr.
www.salondesamateurs.de

Schickimicki (Neustr. 51): Dem Düsseldorfer Klischee, versnobt und eben schickimicki zu sein, stellt sich dieser Club rotzfrech entgegen. Auf der nur 65 m² großen Tanzfläche kannst du hier zu Rock, Hip-Hop und Elektro richtig abgehen. Von Mittwoch bis Samstag darfst du ab 21.00 Uhr mitfeiern. Hin und wieder gibt es auch Specials wie Balkan- oder 90er-Partys. Der Eintritt ist frei.
www.facebook.com/schickimicki

Schlösser Quartier Bohème (Ratinger Str. 25): Du hast Geburtstag und möchtest zusammen mit all deinen Freunden feiern gehen? Dann bist du im Quartier Bohème genau an der richtigen Adresse. Der Henkel-Saal im hinteren Teil bietet ausreichend Platz, um auch mit vielen Leuten ausgelassen das Tanzbein zu schwingen. Die DJs legen House, Groove, Funk und das Neueste aus den Charts auf. Am Wochenende zahlst du 6 Euro Eintritt. Am „Funtastic Wednesday" darfst du umsonst zu elektronischen Beats tanzen.
www.quartierboheme.com

Stahlwerk (Ronsdorfer Str. 134): Wie der Name schon verrät, feierst du hier in einem ehemaligen Stahlwerk. Anstelle von Stahl wird vor Ort nun das Blut des Partyvolks zum Sieden gebracht. In der großen Halle mit Industriecharme finden regelmäßig Partys, Konzerte und andere kulturelle Events statt. Neben „I love 80s", „Neonsplash" und Ü30-Partys beherbergt das Stahlwerk auch „Mandanzz", die größte und schrillste Schwulenparty Düsseldorfs. Einlass und Preise variieren je nach Event. www.stahlwerk.de

Stone (Ratinger Str. 10): Die einstige Hochburg für Punkrock in Deutschland ist eine wahre Düsseldorfer Institution. Unter dem Motto „It's only Rock'n'Roll, but we like it" wird hier schon seit Jahrzenten abgerockt. Vom Studenten bis zum Banker oder Altrocker kannst du im Stone jeden auf der Tanzfläche treffen. Hier guckt dich keiner schief an, wenn du in Jeans und T-Shirt kommst. Das Stone öffnet Freitag und Samstag um 22.00 Uhr seine Tore. Für 5 Euro kannst du zu allem von Alternative über Indie bis Grunge die Nacht durchtanzen. www.stone-club.de

The Attic (Königsallee 1): Düsseldorfs „Dachboden" hat eine noble Adresse. Im 6. Stock, oberhalb von Galeria Kaufhof direkt an der Kö, schreiten die glitzernden Partygäste durch einen Spiegeltunnel zur Tanzfläche. Edles Design und Style bestimmen das Bild: Turnschuhe sind ein absolutes No-go.

Auf dem Mainfloor werden House, Soulful House, Disco und Classics gespielt und in der angeschlossenen Meshugge-Bar gibt es elektronische Clubmusik auf die Ohren. Wem das alles zu viel wird, der kann sich in der Lounge eine Pause gönnen. Am Wochenende kannst du hier ab 23.00 Uhr feiern. Der Eintritt kostet 15 Euro. Mittwochs darfst du ab 22.00 Uhr umsonst zu Hip-Hop, House und Mashup die Hüften kreisen lassen. www.theattic-club.com

Trinkhalle (Ackerstr. 144): Tapeten mit geometrischen Mustern, orangenes Licht und weißes Leder – diese gemütliche Bar katapultiert dich zurück in die 70er Jahre. Sinalco Cola und Soulmusik runden das Bild ab. Hier kannst du weitab vom Rummel der Altstadt in Wohnzimmer-Atmosphäre leckere Cocktails schlürfen und zu fortgeschrittener Stunde das Tanzbein schwingen. Toller Blickfang: Auf einer Leinwand laufen alte Schwarz-Weiß-Filme.
www.trinkhalle-duesseldorf.de

Ufer 8 (Rathausufer 8): Jeden Donnerstag steigt hier ab 21.30 Uhr unter dem Titel „Milchbar" direkt am Hafen eine kultige Afterwork-Party. Im Sommer ist das Restaurant auf der Terrasse geöffnet. Hier kannst du bei gutem Essen und leckeren Getränken auf den Sonnenuntergang und den Beginn der Partynacht warten. Der traumhafte Blick auf die Rheinpromenade ist inklusive. Am Wochenende öffnet der Club nur für seine spezielle Events wie Sweet Monkeys, Hip-Hop Hooray und Club Rakkas, der Party mit Turkish Club Sounds. Bitte immer top gestylt und frisch frisiert erscheinen!
www.ufer8.de

Kuhstall (Bolkerstr. 35): Sieben Tage die Woche kannst du hier open end feiern. Vom DJ-Pult schallen House, Pop und Party-Classics auf die Tanzfläche. www.kuhstall-duesseldorf.de

The Tube (Kurze Str. 9): Auf engstem Raum wird vor Ort zu Alternative, Indie, Punkrock und Elektro getanzt. Richtig voll ist es

immer, wenn hier Düsseldorfer Nachwuchsbands spielen. Der Eintritt ist frei. www.the-tube-club.blogspot.de

Partyraum mieten

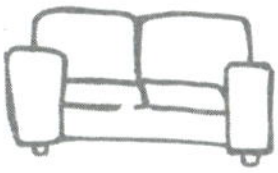

Du feierst auch gerne mal mit Freunden alleine? Oder ein runder Geburtstag steht an und deine Wohnung ist zu klein, um alle Gäste unterzubringen? Kein Problem. Die meisten Clubs und Bars kannst du mieten.

Das geht zum Beispiel in den großen Hallen der **Nachtresidenz** (Bahnstr. 13-15). Und hier sind auch kleine Veranstaltungen in Kö-Nähe möglich! www.nachtresidenz.de

> **Mehr Partyräume!**
>
> Einen Überblick darüber, wer alles Räume für private Partys anbietet, bekommst du hier:
> www.eventsofa.de
> www.duesseldorf-locations.de

Es muss aber nicht immer gleich ein Club sein. **Das Mero22** (Merowingerstr. 22) stellt ebenfalls seine Räumlichkeiten für deine Party zur Verfügung. Hier kannst du High-Tech-Elektronik dazumieten und auf über 200 m² feiern! www.mero22.de

Uni-Partys

Du feierst viel lieber mit Leuten, die du jeden Tag siehst und gut kennst? Oder du möchtest deinen Schwarm aus dem Hörsaal auch einmal außerhalb der Uni treffen? Dann sind die Uni-Partys genau das Richtige für dich.

Egal, ob Medizin, Wirtschaftswissenschaften oder SoWi: Jede Fachschaft organisiert einmal im Semester eine Party für ihre Kommilitonen. **Fachschaftspartys** steigen meist unter kreativem Motto und

mit jeder Menge Alkohol zu Studentenpreisen. Standardlocation ist der SP-Saal direkt hinter der Uni-Bibliothek. Eigentlich Sitzungssaal des Allgemeinen Studierendenausschusses (AStA), darf er von den Fachschaften für Partys angemietet werden. Manchmal werden aber auch Clubs für euch gemietet. Halte einfach die Augen offen, wenn du über den Campus läufst. Schreiend bunte Plakate an schwarzen Brettern, Hörsaaltüren und Wänden zeigen, wann und wo die nächste Party steigt. Oder behalte die Facebook-Seite deiner Fachschaft im Auge. Hier wird alles angekündigt, was dich und deine Kommilitonen betrifft. Dann verpasst du keine Party.

Traditionsreich und legendär sind die **Ersti-Kneipentouren**. Ebenfalls von den Fachschaften organisiert, sind sie vor allem für Erstsemester und finden in der Einführungswoche zu Beginn des Wintersemesters statt. Das ist die perfekte Gelegenheit für dich, deine zukünftigen Kommilitonen zu beschnuppern. Nach der fünften Bar lockert sich schließlich auch die Zunge der eher schüchternen Kommilitonen. Hier gilt: Auch als Nicht-Ersti darfst du mit durch die Kneipen ziehen und die Neuen kennenlernen. Wann und wo die Kneipennacht startet, erfährst du auf der Internetseite deiner Fachschaft oder bei den Ersti-Einführungsveranstaltungen.

Ebenso beliebt wie berüchtigt sind die **Wohnheimpartys**. Bittweg, Campus Süd und Co. laden regelmäßig zu ausgelassenen Feiern ein, bei denen keiner in seinem Zimmer bleibt. Es ist immer voll, immer laut und immer wird getanzt. Der Vorteil: Du musst dir keine Gedanken machen, wie du nach Hause kommst. Dein Bett steht gleich nebenan. Infos findest du ebenfalls auf den Facebook-Seiten der Wohnheime.

Nächtlicher Heißhunger

Wer kennt das nicht? Du hast stundenlang getanzt, gelacht und getrunken und möchtest eigentlich nichts sehnlicher, als in dein

kuscheliges Bett fallen. Doch dann kommt der Hunger. Warten, bis du in der heimischen Küche bist, kannst du nicht mehr. Und selber noch etwas Essbares zaubern willst du sowieso nicht. Zum Glück haben die Düsseldorfer Gastronomen nach jahrelanger Erfahrung allerlei Leckereien parat, um den nächtlichen Hunger zu stillen.

In Düsseldorf ist für jeden Geschmack was dabei und das am Wochenende meist bis 5.00 Uhr. Neben den klassischen Fastfood-Ketten gibt es fast alles, was das Herz – oder eher der Magen – nach einer wilden Partynacht begehrt:

Schon lange kein Geheimtipp mehr ist die **Mini-Pizza** (Mertensgasse 5). Ab 4,50 Euro bekommt der Nachtschwärmer bis in die frühen Morgenstunden eine frisch zubereitete Pizza. Kräuter und Knoblauchöl stehen zur Selbstbedienung neben der Kasse. Obwohl es immer voll ist, wartest du selten länger als 5 Minuten.

Im Sommer kannst du die Pizza zu den Rheintreppen mitnehmen und kauend den Sonnenuntergang bewundern.

Wer es lieber türkisch mag, geht zu **Doy-Doy Döner** (Bolkerstr. 51). Hier gibt es Klassiker wie Döner, Türkische Pizza und Falafel.

Schlenderst du ein bisschen weiter in Richtung Heinrich-Heine-Allee, wartet die holländische Konkurrenz auf dich. Neben Ketchup und Mayo darfst du dir bei der **Frietbox** (Bolkerstr. 57) auch Exotischeres zu den Pommes wünschen. Wie wäre es mit Tomaten-Mango-Salsa oder Sauce Béarnaise? Auch Frikandeln und Bitterballen gehören zu den Spezialitäten dieser holländischen Pommesbude.

Deftige deutsche und jugoslawische Hausmannskost bekommst du bei **Ham-Ham** (Kurze Str. 5). Viel Fett und Kruste sind hier die Zauberwörter für den guten Geschmack. Bis 5.00 Uhr kannst du am Wochenende saftige Spießbratenbrötchen und Cevapcici für den Nachhauseweg kaufen. www.facebook.com/HamHamDdorf

Bei **Curry's N°1** (Königsberger Str. 87, Franz-Rennefeld-Weg 8) gibt es die günstigste und beste Currywurst in der Stadt. Egal, ob Einfach-, Doppel- oder Dreifach-Currywurst – der gute Geschmack wird hier garantiert. www.currysnummer1.de

Treffpunkt für alle, die die Nacht durchgefeiert haben und noch nicht nach Hause wollen, ist **Ludwigs Bier und Brot** (Mertensgasse 11). Hier kannst du am Wochenende und an Feiertagen ab 6.00 Uhr ein deftiges Frühstück mit frisch gebackenem Brot und Mettbrötchen mit Zwiebeln bestellen. Du bekommst sogar noch einen Absacker vor dem Heimweg. www.ludwigs-bier-und-brot.de

Der Weg nach Hause

Irgendwann sind auch die Füße der größten Partylöwen durchgetanzt und du willst einfach nur in dein Bettchen. Wenn du nahe der Innenstadt wohnst, kannst du zu Fuß nach Hause schwanken oder mit dem Fahrrad fahren. Dabei bitte daran denken: Du bist in einer Großstadt und auch nachts sind außer dir noch viele andere auf den Straßen unterwegs.

Wenn du zum Fahrradfahren zu viel getrunken hast oder das heimische Kopfkissen noch zu weit entfernt wartet, kannst du auch mit einem der Nachtbusse oder der U-Bahn fahren. Viele Linien fahren am Wochenende bis 4.00 Uhr im 30-Minuten-Takt. So zum Beispiel der Nachtbus NE7, der von der Altstadt (Heinrich-Heine-Allee) zu den Uniwohnheimen fährt. Andere bringen dich stündlich nach Hause. Auch die meisten S-Bahnen

Die Rheinbahn-App

Smartphone-Besitzer können die Vorzüge der **Rheinbahn-App** nutzen. Gib einfach Abfahrts- und Zielort ein und die App zeigt dir alle Bus- und Bahnverbindungen an.

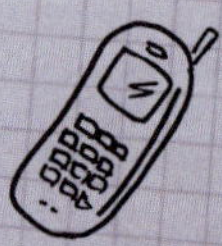

fahren am Wochenende die ganze Nacht. Unter der Woche kommst du bis Mitternacht problemlos nach Hause. Danach kann es mit den öffentlichen Verkehrsmitteln knifflig werden. Um 0.56 Uhr und 2.00 Uhr fährt aber noch der Bus 817 von der Heinrich-Heine-Allee über den Hauptbahnhof und Oberbilker Markt bis nach Benrath. Genauere Infos zum Liniennetz und den Fahrzeiten findest du hier:

www.rheinbahn.de --> Freizeit
--> Abends und nachts unterwegs

Warten und volle Busse sind gar nicht dein Ding? Dann nimm doch einfach ein Taxi. Die stehen in Clubnähe immer rund um die U-Bahn-Station Heinrich-Heine-Allee, auf dem Burgplatz, dem Carlsplatz und an der Königsallee. Viele warten auch am Hauptbahnhof auf ihre Fahrgäste. Aber natürlich kannst du auch einfach direkt eins zu deinem Party-Standort bestellen und sparst dir somit den Fußweg:

Taxi Düsseldorf, Tel. 33333 und 99999
www.taxi-duesseldorf.com

Rhein-Taxi, Tel. 21 21 21
www.rhein-taxi.de

Großraumtaxi Düsseldorf, Tel. 0800 99 22 000
www.dgs-grossraumtaxi.de

Kirche
Kirche
Kirche
aus
geschlossen
aus
brunchen
Kühlschrank leer
Kühlschrank le
brunchen

Sonntage
Sonntage
Sonntage
Kühlschrank leer
Kirche
brunchen
brunchen
geschlossen
geschlossen
Kühlschrank leer
Kühlschrank leer
Kühlschrank leer
Kühlschrank leer
Kirche

Endlich Sonntag! Der Wecker klingelt heute mal nicht und du kannst so lange im Bett rumlümmeln, wie du magst. Heute hast du keine Verpflichtungen. Du kannst machen, wozu du gerade Lust hast: ein neues Buch lesen, eine DVD gucken, die schon seit Wochen bei dir rumliegt oder bei einem ausgiebigen Spaziergang an der frischen Luft deine Batterien aufladen. Warum kann nicht jeder Tag ein Sonntag sein?

Irgendwann wälzt du dich aus den kuscheligen Laken, schlurfst noch ein wenig verschlafen zum Fenster und ziehst den Rolladen hoch. Die Sonne lacht dir entgegen und du freust dich auf ein ausgiebiges Frühstück. Doch dann: Oh Schreck! Du hast kein Brot mehr, im Kühlschrank herrscht gähnende Leere und aus den paar Kaffeekrümeln kannst selbst du keinen Kaffee mehr brühen. Jetzt brauchst du schnell einen Plan B ...

... Notfalleinkauf!

Zum Glück haben die Düsseldorfer Unternehmer Schlupflöcher gefunden, dich auch an Sonntagen mit dem Nötigsten zu versorgen. So gibt es eine ganze Reihe an Möglichkeiten, um dein Sonntagsfrühstück noch zu retten.

Am schnellsten geht es sicherlich, wenn du zum nächsten **Bäcker** läufst. Hier gibt es natürlich Brot und Brötchen und manche haben zusätzlich ein kleines Lebensmittelangebot mit Marmelade, Butter und Kaffee. Ansonsten frühstückst du einfach vor Ort. Belegte Brötchen und eine Tasse Kaffee findest du schließlich bei jedem Bäcker.

Die **Bäckerei Terbuyken** (z.B. Hüttenstr. 65, Aachener Str. 49, Grafenberger Allee 136), hat ihre 21 Düsseldorfer Filialen über die ganze Stadt verteilt und 2014 sogar einen Fairtrade-Award gewonnen. Am Sonntag haben die meisten Filialen von 8.30 bis 11.30 Uhr geöffnet. www.baeckerei-terbuyken.de

Beim **Stadtbäcker** bekommst du in manchen Filialen sonntags sogar noch bis 12.00 Uhr Brötchen (z.B. Gladbacher Str. 52, Bonner Str. 18, Himmelgeister Str. 90). www.stadtbaecker.com

Auch die **Tankstelle** und der **Kiosk** bzw. die **Trinkhalle** nebenan haben in der Regel etwas zu essen im Sortiment. Von Snacks über Brötchen bis zur Tiefkühlpizza ist vieles möglich, aber im Zweifel teuer. Für spontanen Besuch kannst du hier auch mal eben ein Bier oder eine Flasche Wein holen. Treffpunkt für Düsseldorfer und Durchreisende gleichermaßen ist die **Shell-Tankstelle** an der Kölner Landstraße 73. Hier gibt es Brötchen, Kaffee, Snacks und Getränke.

Ansonsten finden sich auch in Düsseldorf Kioske oder Trinkhallen an jeder Ecke. Ein Kiosk mit besonders großem Sortiment ist der **Kiosk-Birken** (Birkenstr. 70) in Flingern.

Das größte Angebot bieten aber wohl die **Airport-Arkaden** am Düsseldorfer Flughafen. Hier kannst du 365 Tage im Jahr der Shoppinglust frönen. Neben einem Rewe City, der dich täglich von 5.00 bis 0.00 Uhr mit Lebensmitteln versorgt, kannst du hier sonntags auch das modische Sortiment von Esprit und Co. durchforsten. www.enjoydus.com

Wenn dir das zu weit weg sein sollte, dann gibt es da noch die Geschäfte im **Düsseldorfer Hauptbahnhof** (Konrad-Adenauer-Platz 14). Das Farmhaus hat am Sonntag rund um die Uhr ohne Pause die nötigsten Grundnahrungsmittel, Fertiggerichte und

Snacks im Angebot und bei Tchibo direkt nebenan kannst du deine Kaffedose immerhin von 10.00 bis 22.00 Uhr auffüllen.
www.einkaufsbahnhof.de --> Düsseldorf Hbf

Sonntagsbrunch

Besonders am Sonntag ist es manchmal zu spät, um einfach nur zu frühstücken. Deshalb locken viele Cafés und Restaurants mit einem ganz speziellen Angebot an warmen und kalten Speisen, auch bekannt unter dem Namen Brunch! In diesen Lokalen ist das immer besonders lecker:

Kreativ geht es im Restaurant im **Malkasten** (Jacobistr. 6) zu. Umgeben von Kunst speist der passionierte Bruncher hier von 10.00 bis 16.00 Uhr. Die Eier kannst du dir sogar individuell nach Wunsch braten lassen. Dafür kostet dich der Spaß 24,50 Euro und immer noch saftige 12 Euro für die kleinen Gäste. Da der Malkasten-Brunch trotz Rekordpreis viele begeistert, ist eine Reservierung sinnvoll. www.mk-1.biz

Ins **Les Halles** (Schirmerstr. 54) geht man nicht nur zum Feiern. Sonntags kannst du für 21,90 Euro in den pompösen Hallen speisen, denn von 10.00 bis 16.00 Uhr gibt es ein großes Brunch-Buffet mit allem, was das Herz begehrt. Ein Highlight sind die leckeren Waffeln. www.les-halles.de

Das **Eigelstein** (Hammer Str. 17, 10.00 bis 14.30 Uhr) zeigt, dass sich Düsseldorf und Köln doch nicht in allen Dingen feindselig gegenüberstehen. Beim leckeren Sonntagsbrunch kann hier auch der Düsseldorfer ein frisch gezapftes Gaffel-Kölsch genießen. Familienkonflikten wird ebenso vorgebeugt: In der Spielecke sorgt Animateurin Mouna für die Unterhaltung der kleinen Gäste . Vorsicht: Immer im Sommer macht der Brunch (1-5 Jahre kostenfrei, 6-12

Jahre 7,90 Euro, ab 13 Jahre 16,90 Euro) eine Pause, in dieser Zeit gibt's nur normales Frühstück.
www.eigelstein-duesseldorf.de

Wer lieber exotisch in den Tag starten möchte, geht zu **Mongo's** Asia Brunch (Zollhof 10, 11.30 bis 16.00 Uhr). Für 19,90 Euro bekommst du asiatische Suppen, Mini-Frühlingsrollen und mongolisches BBQ.
www.mongos.de
--> Düsseldorf

Einmal Brunch zum Selberbasteln: Bei **Miss Moneypenny** (Brunnenstr. 2a) hast du von 10.00-16.00 Uhr die Qual der Wahl zwischen verschiedenen Frühstückstellern und leckeren Extras. Ab 12.00 Uhr gibt es dann Titbits. Das sind herzhafte Leckerbissen wie Falafel, Datteln im Speckmantel oder Süßkartoffelecken mit Sour Cream, die probiert werden wollen. Die Häppchen kosten je zwischen 3 und 6 Euro. www.missmoneypenny-duesseldorf.de

Fein brunchen lässt es sich an ausgewählten Sonn- und Feiertagen ab 10.30 Uhr auch im Wintergarten des **Se[h]restaurants** am Bootshafen des Unterbacher Sees (Kleiner Torfbruch 31). Hier solltest du unbedingt reservieren, da der Andrang groß ist. Für 22,80 Euro kannst du dafür so viel Prosecco trinken, wie du möchtest. Andere Getränke werden extra berechnet. www.sehrestaurant.de

Die großen Brunch-Buffets in jedem der drei **Schwäne** (Frankenstr. 1, Mühlenstr. 2, Sternstr. 50) lassen keine Wünsche offen. Neben hausgemachter Marmelade und ofenfrischen Brötchen bekommst du hier Omas Bratkartoffeln (9.30 Uhr bzw. 10.00 Uhr bis 15.00 Uhr, 11,95 Euro). www.schwan-restaurant.de

Brunch in der Eckkneipe? Das geht im **Saffran's** (Collenbachstr. 21, 11.00 bis 15.00 Uhr). In uriger Atmosphäre kannst du hier Antipasti, hausgebeizten Lachs und Würstchen verdrücken. Wer es lieber süß mag, darf sich selber eine Waffel backen. Waffeleisen und Teig stehen parat. www.cafe-saffrans.de

Brunch spezial

Mehr als ein ausgewachsener Brunch geht nicht? Stimmt nicht: Die folgenden Tipps liefern zum Brunch noch ein besonderes Extra – sei es die Location, Livemusik oder ein tierfreundliches, nicht kommerzielles Gegenkonzept.

Eine Seefahrt die ist lustig, eine Seefahrt die ist schön! Im **Canoo** (Robert-Lehr-Ufer 19) brunchst du jeden Sonntag auf dem Rhein. Du brauchst aber keine Angst vor Seekrankheit zu haben: Das Schiff bleibt im Hafen. Das Buffet kostet 18,50 Euro, der Frühstücks-Part startet um 10.00 Uhr. Ab 12.00 Uhr kommen die warmen Mittagsgerichte dazu und ab 14.00 Uhr dann endlich, endlich die Desserts! Hier solltest du also wirklich bis zum Ende durchhalten.
www.canoo-club.de

Ein Highlight für Musik-Fans ist der Jazz-Brunch in der **Tonhalle** (Ehrenhof 1). Für 16,50 Euro wird dir ein reichhaltiges Buffet geboten, während dich Becker & Becker kostenlos mit toller Jazz-Musik verwöhnen. Der Jazz-Brunch findet in unregelmäßigen Abständen sonntags ab 13.00 Uhr statt. www.tonhalle-duesseldorf.de

Du interessierst dich für vegane Ernährung, weißt aber nicht genau, wie das so funktioniert? Dann geh doch zum veganen Mitmachbrunch im **Linken Zentrum** (Corneliusstr. 108, jeden letzten Sonntag im Monat von 12.00 bis 15.00 Uhr). Finanziert wird das Ganze durch eine „Spende nach Selbsteinschätzung". Du darfst natürlich gerne auch etwas Selbstgemachtes mitbringen.
www.mitmachbrunch.tumblr.com

Kein Brunch, aber trotzdem besonders

Sicher, ausnahmsweise kann man sonntags auch mal nur frühstücken, ganz ohne Brunch. Aber dann doch bitte etwas Besonderes, oder?!

Das **Café Florian** (Nordstr. 6) bringt venezianisches Flair nach Düsseldorf. Am Wochenende kannst du hier von 9.00 bis 17.00 Uhr von der üppigen Frühstückskarte auswählen. Besonders zu empfehlen ist das „Florians-Frühstück" für 15,90 Euro. Neben Klassikern wie Brot, Croissant und Co. enthält dieses Menü auch Pancakes, Roastbeef oder Lachs und ein Glas Sekt. www.gastronomie-mansour.de

Den besten Kaffee der Stadt bekommst du im **Café Bazzar** (Schlüterstr. 3a, 10.00 bis 18.00 Uhr). Barista Dritan Alsela macht aus jeder Tasse ein kleines Kunstwerk. Das Frühstücksangebot enthält neben den Klassikern auch Pancakes und Frühstücksburger. Sollte der Hunger größer sein, kannst du Paninis, Tapas und Salate bestellen. www.bazzar.de

Am Sonntag in die Kirche

Der sonntägliche Kirchgang gehört für manche einfach dazu. Egal, ob aus festem Glauben oder einfach zur Entspannung: In Düsseldorf gibt es auch ohne Dom viele Möglichkeiten, dieses Ritual zu pflegen. Die Auswahl an Kirchen ist groß. Ungefähr die Hälfte aller Düsseldorfer hat allerdings einen anderen Glauben als den christlichen. Für sie ist nicht unbedingt Sonntag der Tag, an dem sie ihren

Glauben feiern. Muslime z.B. begehen das Freitagsgebet. Informationen zur muslimischen Gemeinschaft findest du auf der Internetseite des Kreises der Düsseldorfer Muslime:
www.kddm-online.de

Auf der Internetseite der Landeshauptstadt Düsseldorf bekommst du Informationen über die christlichen sowie die jüdischen Gemeinden: www.duesseldorf.de
--> Leben in Düsseldorf
--> Stadt und Gesellschaft

Buddhisten oder solche, die es werden wollen, bekommen Anleitung und Unterstützung im **Buddhistischen Zentrum Düsseldorf** (Volmerswerther Str. 3). Auf dem Programm stehen Meditationen auf Deutsch und Englisch, individuell oder in der Gruppe.
www.buddhismus-duesseldorf.de

Seit 1994 gibt es bereits eine **Bahá'i Gemeinde** (Feldstr. 32) in Düsseldorf. Angeboten werden unter anderem Studienkreise, Lesungen der Heiligen Schrift, Gesprächskreise und Vorträge. Weitere Infos findest du unter: www.duesseldorf.bahai.de

Eine Hindugemeinde gibt es in Düsseldorf bislang nicht. Dennoch werden gute Beziehungen zu Indien, der Heimat des Hinduismus, gepflegt. Die **Deutsch-Indische Gesellschaft Düsseldorf** organisiert regelmäßige Stammtischtreffen und Feste. Wer einen Hindu-Tempel besuchen möchte, um aktiv seinen Glauben zu praktizieren, kann nach Mönchengladbach zum **Sri Navasakhti Vinayagar Alyam** (Brückenstr. 49) fahren. www.digduesseldorf.de
www.hindutempel.de

Interessant für jeden Düsseldorfer – egal welchen Glaubens – ist ein Besuch in der **Bunkerkirche Sankt Sakrament** (Heerdter Landstr. 270). Seit 1949 finden in diesem zur Kirche umgebauten Hochbunker die Messen der katholischen Gemeinde St. Sakrament statt (jeden Sonntag um 8.30 Uhr). Dieses weltweit einzigartige Gebäude ist Kirche, Mahnmal und Ausstellungsort für Kunst in einem. www.friedensort-bunkerkirche.de

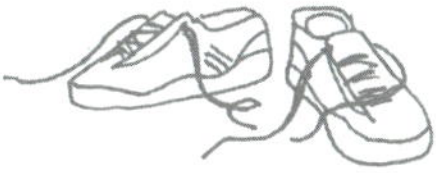

Sonntagsspaziergang

Viele zieht es nach einem ausgiebigen Brunch oder Frühstück nach draußen. Obwohl man dafür heutzutage nur noch selten in den Sonntagsanzug schlüpft, hat sich die Tradition des sonntäglichen Spaziergangs doch tapfer gehalten.

Wer sich dennoch gerne für den Spaziergang schick macht, sollte sich zu einem Schaufensterbummel auf der **Königsallee** entschließen. Gerade hier sieht man sie rauf und runter flanieren, die Damen in schicken Kleidchen und Stöckelschuhen, junge Männer in bunten Anzügen mit Einstecktuch und arabische Scheichs in wallenden Gewändern. Dabei geht es vor allen Dingen ums Sehen und Gesehenwerden.

Wer es etwas entspannter mag, muss aber auch nicht lange suchen: Im **Südpark** z.B. stehen dir 70 ha Grünfläche für ausgedehnte Spaziergänge zur Verfügung. Du gehst über breite, gut befestigte Wege durch eine gepflegte Parklandschaft mit vielen Büschen, Bäumen und Teichen. Da der Südpark nicht einfach nur ein Wald mit Wanderwegen ist, sondern speziell an die Freizeitbedürfnisse der Städter angepasst, locken überall Kunst und besondere Attraktionen, wie die Themengärten in der Mitte des Parks. Für die kleinen Parkbesucher gibt es einen Streichelzoo. Solltest du nach einem ausgiebigen Spaziergang Hunger bekommen, kannst du dich in eines der

ansässigen Restaurants setzen. Rings um den Park gibt es Parkplätze und die Haltestellen „Südpark“, „Oberbilker Allee“ und „Auf'm Hennekamp“ sind nicht weit vom nächsten Parkeingang entfernt.
www.duesseldorf.de --> Umwelt & Wohnen --> Grün in Düsseldorf --> Parks

Neben der Kö ist das **Rheinufer** die zweite große Flaniermeile in Düsseldorf. Gehe einfach von der Heinrich-Heine-Allee aus durch die schmalen Gassen der Altstadt bis zum Rhein. Dann kannst du – vorbei an Landtag und Fernsehturm – die Promenade bis zum Medienhafen entlangschlendern. Mit dir sind hier viele Skateboarder und Straßenkünstler unterwegs. Mach doch einfach auf einer der Bänke ein Päuschen und bewundere ihre Tricks. Im Sommer kannst du auf dem Rückweg in einem der Restaurants in den **Kasematten** (Untere Rheinwerft) einkehren.
www.kasematten-duesseldorf.de

Deutlich naturnäher geht es im **Wildpark Grafenberger Wald** (Rennbahnstr.) zu. Hier kannst du bei einem schönen Spaziergang Bambi und Co. in ihrer natürlichen Lebenswelt beobachten. Der Wildpark ist der ideale Ort, um sich einmal richtig von der Stadt zu erholen und abzuschalten. Der Eintritt in den Park sowie der Parkplatz sind kostenfrei. Auf der anderen Seite geht es ganz ohne

Gehege und Zäune in den Grafenberger Wald. Laufe einfach die schönen Waldwege entlang und tanke Energie für die neue Woche.
www.duesseldorf.de --> Umwelt & Wohnen
--> Grün in Düsseldorf --> Wald

Wie eine barocke Berühmtheit mit königlichem Blut darfst du dich im Schlosspark von **Schloss Benrath** fühlen. Hier schwebst du durch Alleen und an Teichanlagen vorbei, die ebenso gut zum Schloss des Sonnenkönigs gehören könnten. Am besten betrittst du das Schlossgelände an der Straßenbahnhaltestelle „Schloss Benrath“. Im Park kannst du dich dann einfach treiben lassen. Ein Stück Torte im **Schlosscafé** (Benrather Schlossallee 108) ist der perfekte Abschluss für deinen Sonntagsspaziergang.
www.schlosscafe-benrath.de

Ausflüge um die Ecke

Sonntags bleibt endlich die Zeit, sich in der Umgebung umzuschauen. Ein Glück, dass Düsseldorf im Zentrum von Nordrhein-Westfalen liegt und daher von einer Vielzahl interessanter Städte umgeben ist. Guck dir doch mal **Köln**, **Bonn** oder **Dortmund** an. Auch **Aachen** und **Münster** sind nur einen Katzensprung entfernt. Es gibt aber ebenso tolle Natur, die auf Entdeckungshungrige wartet. Ein paar weitere Tipps gefällig?

Schloss Burg Solingen: Das Schloss in Solingen war im Mittelalter über viele Jahrhunderte das Handelszentrum des Bergischen Landes. Heute kannst du im Schlossmuseum in diese Welt eintauchen. Bei den Ritterspielen wird die Zeit zurückgedreht: Ritter, Gaukler und Waffenschmiede bevölkern dann den Innenhof. Nur einen kurzen Spaziergang entfernt liegt zudem der Brückenpark unterhalb der Müngstener Brücke. Sie ist die höchste Eisenbahnbrücke Deutschlands. www.schlossburg.de

Zoom Erlebniswelt Gelsenkirchen: In diesem großartigen Zoo begibst du dich auf Weltreise. Du gehst auf drei Rundwegen durch die Themenwelten Afrika, Asien und Alaska. Die Gehege sind groß und Zäune sieht man kaum. Im Afrika-Bereich fährst du sogar mit einem Boot an Giraffen, Nashörnern und Antilopen vorbei – fast wie eine richtige Nil-Safari. Kleiner Unterschied: Du musst dafür NRW nicht verlassen. Der Eintritt kostet 17,50 Euro für Erwachsene, 11,50 Euro für Kinder bis 12 Jahre und 13 Euro für Schüler und Studenten. www.zoom-erlebniswelt.de

Altenberg: Dieses kleine Örtchen mitten im Bergischen Land ist eine Oase für Wanderer. Über gut erschlossene Wege kannst du hier stundenlang durchs Grüne laufen. Berühmtheit erlangte der Ort durch den im Mittelalter von Zisterziensermönchen erbauten Altenberger Dom. Ein optisches Highlight ist das farbenprächtige Westfenster, es ist das größte Kirchenfenster nördlich der Alpen. Auch für das Kind in dir hat Altenberg etwas zu bieten: Im ältesten Märchenwald Deutschlands wandelst du auf den Spuren der Gebrüder Grimm und kannst neben Schneewittchen und den sieben Zwergen auch den Goldesel und das Rumpelstilzchen treffen. www.altenberg-info.de

Venlo: Die holländische Grenze ist nur etwa 50 km von Düsseldorf entfernt und direkt dahinter liegt das beschauliche Städtchen Venlo. Die typisch holländische Altstadt lädt zum Bummeln, Schauen und Entspannen ein. Venlo ist bei den Deutschen aber vor allem für die großartigen Einkaufsmöglichkeiten bekannt. Der erste Sonntag

im Monat ist – genauso wie die meisten deutschen Feiertage – verkaufsoffen. Vom Düsseldorfer Hauptbahnhof kannst du bequem mit dem Regionalexpress in die Innenstadt von Venlo fahren.
www.venlo.nl

Phantasialand: Der große Freizeitpark in Brühl zieht dich mit seinen magischen Welten in den Bann. Die liebevoll gestalteten Kulissen bringen nicht nur Kinderaugen zum Strahlen, sondern wahrscheinlich auch deine. In zahlreichen Fahrgeschäften kannst du deine Schwindelfreiheit testen. Eine besondere Herausforderung: Mystery Castle. Hier stürzt du im freien Fall 65 m in die Tiefe. Dank Shuttlebussen kannst du auch problemlos ohne Auto anreisen. Sie fahren ab Brühl Hauptbahnhof und der Straßenbahnhaltestelle „Brühl Mitte". www.phantasialand.de

Sonntagabend wird gemordet

Der Tatort gehört zum Sonntag wie die Handtasche zur englischen Königin. Das wöchentliche Fernsehereignis wird gerne auch in geselliger Runde zelebriert. In Düsseldorf darfst du dich sonntags ab 20.00 Uhr im **Café Hüftgold** (Ackerstr. 113) oder im Restaurant **Zum goldenen Einhorn** (Ratinger Str. 18) zum Rudelgucken unter die Tatortbegeisterten mischen. Gemeinsam ist die Jagd nach dem Mörder gleich noch spannender. www.cafehueftgold.de
www.einhorn-duesseldorf.de

Eltern
Touris
Sightseeing
Touris
Touris
aufräumen
aufräumen
aufräumen
aufräumen

Besuch

Besuch

Besuch? Tourikram ...

Tourikram

Besuch

Tourikram ...

Hilfe, der Besuch steht vor der Tür! Egal, ob lange herbeigesehnt oder völlig spontan, die Zeit zum Planen war wie immer zu kurz. Also wohin nun mit den Gästen?

Da sind jetzt deine Qualitäten als Touri-Führer gefordert, denn für den Besuch bist du der Experte – auch wenn du vielleicht selbst erst seit kurzem in der Rheinmetropole wohnst. Wir helfen dir, den Erwartungen deiner Gäste gerecht zu werden und haben alles für dich zusammengetragen, was einen Düsseldorf-Besucher begeistert und deine Stadtführung zu einem absoluten Erlebnis macht. Natürlich willst du beweisen, dass Düsseldorf mehr zu bieten hat, als nur Altbier und Schickimicki. Also, das Buch einstecken, bequeme Schuhe anziehen, den Fotoapparat zücken und los geht's!

Geführte Touren

Du hast keine Zeit oder Lust, selber den Stadtführer zu mimen? In Düsseldorf gibt es auch die Möglichkeit, an einer Vielzahl erlebnisreicher Stadtführungen teilzunehmen. Gelangweilt roten Schirmen hinterherlaufen und Kirchen besichtigen war gestern.

Lass dich z.B. bei der **Nachtwächterführung** durch die dunklen Gassen der historischen Altstadt führen. Entlang des Rheins und der Düssel verrät der Nachtwächter schaurig-schöne Geschichten aus alten Zeiten und Wissenswertes über die Stadt.
www.erlebnis-duesseldorf.de --> Düsseldorf bei Nacht

Auch die weltweit einzigartige **Altbier-Safari** endet oft erst zu fortgeschrittener Abendstunde. Während der amüsanten Altstadtführung lernst du die handwerkliche Braukunst und -kultur der fünf Düsseldorfer Hausbrauereien kennen. Damit die Führung nicht zu trocken wird, darf eine Verkostung der verschiedenen Altbiere natürlich nicht fehlen. www.altbiertour.de

Für alle, die sportlich unterwegs sind und dabei die Umgebung erkunden wollen, ist **Sightrunning** vermutlich genau das Richtige! Hinter diesem Anglizismus versteckt sich eine erlebnis- und abwechslungsreiche Kombination aus Laufen und Sightseeing. Erfahrene Läufer und Stadtführer zeigen dir die Highlights der Düsseldorfer Innenstadt sowie gute Laufstrecken und Wälder. Individuelle Lauftipps gibt's obendrauf! www.run-and-see-duesseldorf.de

Bei der kostenlosen **Stadtrallye** (inklusive Stadtplan!) gilt es spannende Fragen rund um die Rheinmetropole zu beantworten und die Stadt so spielerisch kennenzulernen. Am Ende winken sogar Gewinne! www.duesseldorf-tourismus.de --> Stadtführungen
--> Erlebnisbausteine
--> Stadtrallye

Touri-Tour selbst gemacht

Vorweg eine kleine Warnung: Für die Tour, die auch mal über das schöne Kopfsteinpflaster der Altstadt führt, sind Schuhe mit Absatz keine allzu gute Idee ...

Los geht's mitten auf der **Königsalle** unter den pompösen Bögen der **Kö-Galerie** (Königsallee 60e). Vollkommen übertriebener Schickimicki-Alarm und Schnöselallee sagen die einen, Vorzeigeboulevard und Shoppingerlebnis die anderen. Egal, was man von ihr halten mag, eines ist sicher: Die Kö prägt den Ruf der Stadt wie keine andere Straße, ist internationales Aushängeschild und Inbegriff von Luxus und gehobenem Lifestyle!

Flaniere mit deinem Besuch Richtung Norden an noblen Boutiquen, luxuriösen Juwelieren, edlen Einkaufspassagen, gemütlichen Straßencafés und alten Kastanienbäumen vorbei und atmet einen Hauch von Luxus. Wenn ihr dann am **Tritonenbrunnen** am nördlichen Ende der Kö angekommen seid, kannst du noch mal mit einem herrlichen Blick über den gesamten Kö-Graben punkten.

Folgt vom Tritonenbrunnen aus noch ein Stück weiter der Theodor-Körner-Straße nach Westen, biegt von dieser rechts in die Heinrich-Heine-Allee ab und schon bald seht ihr die **Deutsche Oper am Rhein** (Heinrich-Heinrich-Allee 16a) vor euch. Sie bespielt gemeinsam mit dem Ballett am Rhein seit 1956 zugleich das Opernhaus Düsseldorf und das Theater Duisburg. Das Gebäude ist dem italienischen Renaissancestil nachempfunden und somit durchaus ein Foto wert. www.operamrhein.de

Haltet euch dann auf dem Grabbeplatz links und biegt gleich die Erste links in die Neustraße ein, so kommt ihr zur U-Bahn-Station Heinrich-Heine-Allee. Hier beginnt DER Hotspot in Düsseldorf: die **Altstadt**. Dass Düsseldorf pulsiert, spürt man überall. Aber nirgendwo wird das so deutlich wie in den verwinkelten Altstadtgassen. Hier reihen sich historische Bauten, szenige In-Lokale und Geschäfte aneinander. Wer feiern möchte, ist hier also genauso gut aufgehoben wie Kultursuchende oder Fashion Victims.

Wenn ihr von der Heinrich-Heine-Station aus noch ein Stück weiter geht und dann rechts abbiegt, landet ihr mitten auf Düsseldorfs

Hauptshoppingmeile, der **Flinger Straße**. In den zahlreichen Shops und Fachgeschäften findet ihr einfach alles: von Ausgefallenem und Trendigem über Preiswertes bis hin zu Exquisitem. Anders als auf der noblen Kö kaufen hier auch Schnäppchenjäger und Normalsterbliche ein.

Nehmt euch aber nicht nur fürs Shopping etwas Zeit, sondern schlendert vor allem gemütlich durch die Passagen und Nebenstraßen rund um die Shoppingmeile. Denn die begeistern mit dem altstadttypischen Kopfsteinpflaster und ihren schmalgiebeligen Bürgerhäusern.

Ist dein Besuch zufällig Elvis- und retrobegeistert, bietet sich die Gelegenheit zu einem Abstecher ins **Elvis-Presley-Museum** (Flinger Str. 11). Es kann sich damit rühmen, außerhalb der USA die größte Sammlung von Objekten aus dem Besitz des Kings zu zeigen – natürlich original aus den 50ern, 60ern und 70ern.
www.elvis-duesseldorf.de

Spätestens, wenn ihr nicht mehr aufhören könnt, mit den Hüften zu kreisen, ist es Zeit, eure Touri-Tour fortzusetzen und euch auf den Weg zum **Carlsplatz** zu machen. Dafür müsst ihr bis ans Ende der Flinger Straße laufen und dort links in die Berger Straße einbiegen. Wenn ihr auch die bis zum Ende abgelaufen habt, liegt er vor euch: der Carlsplatz.

Früher ein einfacher Bauernmarkt, ist der **Markt auf dem Carlsplatz** heute ein wahres Feinschmeckerparadies. Rund 60 Marktstände bieten dort das ganze Jahr über an sechs Tagen die Woche

(Mo-Sa) ein buntes Potpourri an frischen Lebensmitteln, Backwaren, Blumen und einigen Non-Food-Ständen.

Besonders zur Mittagszeit geht es hier turbulent zu, denn dann strömen die hungrigen Arbeitstiere aus den umliegenden Büros in der Mittagspause „op'n Carlsplatz", um sich mit Crêpes, Döner, indischer Küche oder sonstigen Imbissen zu stärken. Macht mit und lasst euch von den bunten Farben, exotischen Gerüchen und den vielen ganz unterschiedlichen Menschen treiben.

Frisch gestärkt vom Markt, gelangt ihr durch die vom Carlsplatz nach Norden abzweigende Mittelstraße zurück auf die Flinger Straße. Links gegenüber auf der anderen Straßenseite liegt der Eingang zur charmanten **Schneider-Wibbel-Gasse**. Fünf mal am Tag (11.00, 13.00, 15.00, 18.00 und 21.00 Uhr) ertönt hier ein Glockenspiel, zu dem die Figur des Schneider Wibbel aus der Fassade kommt und näht. Die Gasse lädt außerdem mit ihren vielen internationalen Restaurants zum Schlemmen und Verkosten ein.

Besonders empfehlenswert: Der Italiener „Da Primo", direkt unter dem Glockenspiel (Schneider-Wibbel-Gasse 6).

Weiter die Gasse hinunter trefft ihr auf die **Bolkerstraße** und damit auf die Altstadt, die „längste Theke der Welt". Das Zuhause des Altbiers haben nicht erst die Toten Hosen mit ihrem „Altbierlied" über die Stadtgrenzen hinaus bekannt gemacht.

Es sind die über 250 urigen Kneipen, rustikalen Brauhäuser, vielfältigen Restaurants, szenigen Bars, bunten Cafés und gemütlichen

Studentenkneipen, die sich in den Straßen der Altstadt auf einer Fläche von nur einem halben Quadratkilometer drängen, die dem gesamten Altstadtgebiet seinen berühmt-berüchtigten Namen eingebracht haben.

> An keinem anderen Ort schmeckt das obergärig gebraute Altbier so gut wie in den alten Hausbrauereien, in denen es auch heute noch nach altem Reinheitsgebot hergestellt wird. Doch aufgepasst: Liegt kein Bierdeckel auf dem leeren Glas, kommt das nächste Alt auch unbestellt!

Aber die Altstadt hat mehr zu bieten als nur Trinkkultur: Inmitten des Trubels der Bolkerstraße liegt etwas unscheinbar das **Geburtshaus von Heinrich Heine** (Bolkerstr. 53). Der Dichter des Loreley-Liedes wurde 1797 im Hinterhaus des Grundstückes geboren. Heute befindet sich im vorderen Gebäudeteil die kleine **Literaturhandlung Müller & Böhm** (Bolkerstr. 53), die zum Schmökern und Kaffee trinken im angeschlossenen Literaturcafé einlädt. Regelmäßig finden hier auch Lesungen von Jungautoren statt. www.heinehaus.de www.literaturmueller.de

Am westlichen Ende der Bolkerstraße gelangst du schließlich zum **Marktplatz**. Etwas abseits des normalen Durchgangsverkehrs der Altstadt steht hier das historische **Düsseldorfer Rathaus**. Das prunkvolle, zum Teil mit Efeu bewachsene Gebäude mit seinen geschwungenen Stufengiebeln ist ein Relikt aus dem 16. Jahrhundert.

Jeden Mittwoch um 15.00 Uhr gibt es für alle Interessierten eine kostenlose Führung durch das Gebäude. Schau dir auch die **Schuldenuhr** im Erdgeschoss des Rathauses an, mit der die Stadt seit ihrer Entschuldung im Jahr 2007 in großen roten Ziffern Tag für Tag, Stunde für Stunde, Minute für Minute und Sekunde für Sekunde ihre Schuldenfreiheit zelebriert.

Mitten auf dem Marktplatz thront hoch zu Ross **Kurfürst Jan Wellem** und überblickt das Geschehen. Das barocke Denkmal des berühmten Düsseldorfers hat sich zu einem echten Wahrzeichen gemausert. Besonders zur Karnevalszeit sowie zu anderen Großveranstaltungen ist der Marktplatz der Mittelpunkt allen Geschehens. Der sonst eher gemütliche, von Cafés umrandete Rathausmarkt ist dann zuweilen schwer passierbar. Jedes Jahr zur Weihnachtszeit verwandelt sich der Platz zudem in eine stimmungsvolle Kulisse mit Glühweinständen, Lichterketten und liebevoll dekorierten Hütten. --> s. „Frostige Zeiten", S. 161

Jetzt trennen dich und deinen Besuch nur noch wenige Schritte vom Rhein. Wenn ihr den Marktplatz Richtung Norden verlasst, kommt ihr zum Burgplatz. Den Mittelpunkt des Burgplatzes bildet der alte **Schlossturm**, der heute ein Schifffahrts-Museum beherbergt. „Wo der alte Schlossturm steht, da sind wir zu Haus“, sangen schon die Toten Hosen. In seinem Schatten kann man z.B. den vom Taschen tragen müden Armen etwas Erholung gönnen.

Oder ihr hört ein paar Meter weiter dem entspannenden Plätschern des **Radschlägerbrunnens** zu, an dem alljährlich das traditionelle Radschläger-Turnier stattfindet – das Radschlagen ist nämlich eine alte Düsseldorfer Tradition. Der Burgplatz wurde übrigens auch ganz offiziell zu einem der schönsten Plätze der Nachkriegszeit gekürt.

Wenn ihr vom Burgplatz Richtung Norden in die Müller-Schlösser-Gasse biegt, erhebt sich an deren Ende auf dem Stiftsplatz schon bald der schiefe Turm von **St. Lambertus**, der ältesten Kirche Düsseldorfs. Die Basilika wurde im 13. Jahrhundert erbaut und stellt mit dem in sich verdrehten Turm ein tolles Fotomotiv dar – Klick!

Wenn eure Füße nun langsam anfangen zu streiken, schlendert die paar Meter zum Burgplatz zurück und lasst eure Touri-Tour an der breiten **Rheinufertreppe** gemütlich enden. Bei schönem Wetter verwandelt sich die Ufertreppe in eine große Freiluft-Terrasse und nach Feierabend treffen sich hier Jung und Alt, um den Sonnenuntergang zu sehen und in geselliger Runde den Tag bei einem Alt ausklingen zu lassen.

Vielleicht packt euch beim Blick auf die vorbeiziehenden Schiffe auch spontan die Lust, aufs Wasser umzusteigen. Das schont nicht nur die geschundenen Füße, eine **Schiffstour** auf dem Rhein gehört

bei schönem Wetter eigentlich zum Pflichtprogramm! Von April bis Oktober verkehren die Schiffe der Anbieter **Köln-Düsseldorfer** und **Weiße Flotte** regelmäßig. Einfach einsteigen und losschippern.
www.k-d.com www.w-flotte.de

Für alle, die noch nicht genug haben: Den Rhein entlang

Wenn ihr nach einer Verschnaufpause an der Ufertreppe doch noch Kraftreserven mobilisieren könnt, ist der Burgplatz der ideale Ausgangspunkt für einen Spaziergang entlang der Rheinpromenade. Die von der Gastronomie der **Kasematten** gesäumte Flaniermeile bietet außerdem genügend Gelegenheiten zum Einkehren und führt euch von der Altstadt flussaufwärts zum Medienhafen.

Hier am alten Handelshafen, wo einst die Tristesse leerer Hallen herrschte, ist mit dem **Medienhafen** ein innovativer Bürostandort entstanden, in dem rund 700 renommierte Unternehmen Einzug gefunden haben. Vor Ort hat sich kein einheitliches architektonisches Konzept durchgesetzt; vielmehr macht die Unterschiedlichkeit der verschiedenen Bauten das kreative Gesamtbild und den besonderen Charme des Medienhafens aus.

Die Gebäude von namenhaften Architekten wie Frank Gehry haben dem Hafen mit seinen Kaimauern außerdem den Ruf als „Architekturmeile" eingebracht. Besonders imposant sticht das silbern in der Sonne glänzende **Aluhaus** von Gehry hervor, das jeder Architekturliebhaber und -kenner einmal „live" gesehen haben muss.

Immer ein Foto wert ist auch das angrenzende gläserne **Stadttor**, das zum besten Bürogebäude Europas gekürt wurde und die Silhouette der Stadt prägt. Interessiert sich dein Besuch für parlamentarische Arbeit oder dafür, wie ein Plenarsaal von innen aussieht? Dann kannst du ihn mit einem Abstecher im **Landtag Nordrhein Westfalen** beeindrucken! Das ist aber nicht unbedingt etwas für spontanen Besuch, denn du musst mit langen Vorlauffristen rechnen!
www.landtag.nrw.de --> Besuch im Landtag

Direkt nebenan und wahrlich nicht zu übersehen, thront der **Rheinturm** zwischen Rhein und Bürgerpark. Keine Postkarte, auf der das mit 234 m höchste Bauwerk der Stadt nicht zu sehen ist. Wenn du deinen Besuch mit einem unvergesslichen Blick auf Düsseldorf aus der Vogelperspektive faszinieren willst, befördert euch ein Publikumsaufzug für 5 Euro zu einer Aussichtsplattform in

168 m Höhe. Bei klarer Sicht beeindruckt hier nicht nur das Panorama über die Landeshauptstadt, sondern auch der Blick bis ins angrenzende Köln.

In 172,5 m Höhe befindet sich zudem das Restaurant **Top180**. Im Gegensatz zu der erschwinglichen Aufzuggebühr sind die Preise hier allerdings eher etwas für den praller gefüllten Geldbeutel. Besonderes Highlight: Innerhalb einer Stunde dreht sich das Restaurant sanft um die eigene Achse und ermöglicht dadurch einen ganzheitlichen Blick über die Stadt.

www.guennewig.de

--> Standorte --> Rheinturm --> Restaurant Top 180

Aber auch ganz vom Boden der Tatsachen aus ist der Fernsehturm absolut sehenswert. Insbesondere nach Einbruch der Dämmerung ergibt die blau-violett angestrahlte Turmspitze ein tolles Bild.

Außerdem ist der Rheinturm auch die berühmteste Uhr der Stadt und laut Guinness-Buch der Rekorde sogar die **größte Dezimaluhr der Welt**. 39 übereinander angeordnete Bullaugen-Lampen an der nordöstlichen Seite des Turms zeigen die aktuelle Uhrzeit in Stunden, Minuten und Sekunden an. Von der Altstadt aus kannst du so – wenn das System erst einmal verstanden ist – auf deine Armbanduhr verzichten und am Rheinturm ablesen, ob noch Zeit für ein weiteres Alt bleibt.

Kleiner Tipp: Die Bullaugen von oben nach unten lesen. Lass es deinen Besuch einfach mal ausprobieren!

Wenn ihr die Touri-Tour bis hierhin durchgehalten habt, könnt ihr nun im modernen Lounge-Ambiente der Bar **M 168** im Rheinturm den Tag bei einem leckeren Cocktail und dem einzigartigen Blick über die Lichter der Stadt Revue passieren und ausklingen lassen. www.guennewig.de --> Standorte --> Rheinturm --> Bar & Lounge M 168

Souvenir, Souvenir!

Ihr wollt die Zuhausegebliebenen mit einem kleinen Mitbringsel entschädigen? Sowohl an der Rheinpromenade am Burgplatz als auch in den gemütlichen Gassen der Altstadt laden viele kleine, aber feine Souvenirläden zum Stöbern ein.

Auch die **Tourist-Information** (Marktstr./Ecke Rheinstr.) in der Altstadt hat alles zu bieten, was das Touri-Herz begehrt: Frühstücksbrettchen, Kühlschrankmagneten, Schlüsselanhänger und vieles mehr, allesamt verziert mit Düsseldorfer Sehenswürdigkeiten, Stadt-Logo oder der Skyline. Besonders witzig für Backfans: Die Keksausstecher in Düsseldorfer Radschläger-Form. www.der-duesseldorfshop.de

Wenn du dem Besuch zu Hause etwas echt Hochprozentiges von der längsten Theke der Welt mitbringen möchtest, solltest du im **Haus zum Helm** (Flinger Str. 1) vorbeischauen und dort einen original Killepitsch (Düsseldorfer Kräuterlikör) besorgen.

Bei **Chocolatier Kuhlen** (Kaiserswerther Str. 19) findest du Düsseldorf-Mitbringsel der süßen Art. Vom Radschläger oder Stadtwappen aus feinster Schoki bis zu Pralinen gefüllt mit Altbier oder Killepitsch, ein Abstecher zu dieser Konditorei lohnt sich auf jeden Fall. www.chocolatier-kuhlen.de

Klassik
Konzert
Konzert
Konzert
Konzert
Konzert
Konzert
Klassik
endlich
Klas
Konzer
Klassik
Poetry-Slam
Kinosessel
Theater
Poet
Slam
Poetry-
Konz
Konzert
Poetry-Slam

Kultur
und so
Kultur
und so
und so
Kinosessel
Klassik
Kinosessel
essel
endlich
Theater
Theater
Theater
Theater

Als Landeshauptstadt NRWs trumpft Düsseldorf mit einem gehörigen Kulturprogramm auf. Mehrere Theater heben und senken ihre Vorhänge, die großen und kleinen Kinos spulen kilometerweise Filmrollen ab und die Anzahl der Ausstellungen ist mehr als beachtlich. Und dann ist da selbstverständlich noch die große Literaturszene der Stadt, die vom großen Heinrich Heine bis zum kurzweiligen Poetry Slam reicht. Und Konzerte und Shows und Kabarett und ... Ach, such dir doch einfach aus, was dir gefällt!

Leinwand

Düsseldorf hat das Zeug zum ganz großen Kino. Als Cineast kannst du dich in den riesigen Multiplex-Kinos in mehreren Dimensionen von Blockbustern mitreißen lassen. Die vielen Programmkinos bieten dir aber mit ihren Juwelen der Filmkunst auch die Möglichkeit, deinen Intellekt zu trainieren.

Kinos

Der **UFA Palast** (Worringer Str. 142) am Hauptbahnhof war und ist noch immer das erste Multiplex-Kino der Stadt. Hier werden die aktuellsten Filmhighlights auf die Leinwände projiziert und mit zwölf Sälen ist es das Haus mit den meisten Sitzplätzen. Neben Extras wie Opern- und Ballettübertragungen wird jeden zweiten und vierten Mittwoch im Monat um 11.00 Uhr das sogenannte „Traumkino" angeboten: Gezeigt werden Filme, die als besonders wertvoll gelten. Die Kinokarte kostet dann 5 Euro und Kaffee und Kuchen gibt's gratis dazu. www.ufa-duesseldorf.de

Die **UCI KINOWELT** (Hammer Str. 29-31) liegt im Düsseldorfer Medienhafen. Passend zu diesem Ankerplatz sieht das Gebäude aus wie ein Schiff und ist gefühlt so groß wie die Queen Mary II. In diesem Kino flimmert dir Hollywood at its best von der größten

Leinwand der Stadt digital und in 3D entgegen. Dank Deutschlands erstem iSens-Kinosaal dröhnt dir synchron dazu der passende Sound in 23.1-Kanal-Technik um die Ohren und den Rest des Körpers. Besonderes Feature sind die zahlreichen Liveübertragungen von Opern, Konzerten, Ballettaufführungen und Sportevents. www.uci-kinowelt.de --> Düsseldorf

Das **CineStar** (Hansaallee 245) reiht sich nahtlos in die Riege der großen Kinos ein. Auch hier bewegen sich die Bilder von Hollywoodproduktionen und den Größen der deutschen Filmindustrie über die Leinwand. Zum romantischen Kuscheln im Kino laden die zahlreichen Pärchensitze ein. Popcorn, Nachos und Cola gibt's selbstverständlich auch dazu. Nur den Partner, den müsstest du selber mitbringen. www.cinestar.de

Düsseldorf verfügt über eine stattliche Zahl an Programmkinos, die über die ganze Stadt verteilt sind. Früher als Einzelkämpfer unterwegs, haben sich die meisten von ihnen mit der Zeit zum Kollektiv **Düsseldorfer Filmkunstkinos** zusammengetan. Dazu gehören die folgenden – teils legendären – Kinos:

Das **Bambi** (Klosterstr. 78) brilliert in der Rolle eines Programmkinos, in dem zahlreiche Erstaufführungen stattfinden. Für sein Programm wurde es bereits mehrfach ausgezeichnet. Zu den hier stattfindenden Premieren erscheinen die Filmemacher und Schauspieler auch gerne mal persönlich, um sich und ihre Filme dem Publikum zu präsentieren. Das Bambi besteht aus zwei modernen Kinosälen: dem kleinen Bambini und dem großen Filmstudio, das im Inneren an ein Zirkuszelt erinnert.

Das **Metropol** (Brunnenstr. 20) ist Düsseldorfs ältestes Kino. In seinen zwei Sälen – dem „Cinerama" mit speziell gekrümmter Leinwand und dem „Phantom" – laufen aktuelle Filme, alternative Produktionen und Klassiker der Kinowelt. Auch hier finden immer wieder Erstaufführungen von Filmen statt. Zu den Premierengästen gehören im besten Fall auch die Filmemacher, mit denen du nach der Vorführung im Kinocafé „Playtime" persönlich ins Gespräch kommen kannst.

Das mitten in der Altstadt gelegene **Cinema** (Schneider-Wibbel-Gasse 5) glänzt schon von außen durch seine goldenen Lettern über der Eingangstür. Hier fanden und finden Premieren statt, aus denen die Betreiber oft richtige Events mit ausgefeiltem Beiprogramm machen. Es lohnt sich also, für das Erlebnis über die Leinwand hinaus zu kommen – aber natürlich auch, um einfach einen Film aus dem Programm zu schauen.

Wirfst du besonders häufig einen Blick auf die Leinwand? Dann lohnt sich der **Gilde-Pass**, ein Jahresabo für Filmkunstkinos, der sogar bundesweit gilt. In allen teilnehmenden Kinos bekommst du damit 2 Euro Rabatt auf die Kinokarte. Erhältlich ist der Pass für 10 Euro an den Kassen der Düsseldorfer Filmkunstkinos.

Das **Atelier im Savoy Theater** (Graf-Adolf-Str. 47) gilt als der Star unter den Düsseldorfer Arthouses. Schon Alfred Hitchcock kam in den 60ern zur Premiere seines Horrorklassikers „Die Vögel" hierher. Heutzutage laufen die Filme digital und oft in drei Dimensionen. Zu den Filmaufführungen gesellen sich auch Liveübertragungen von Opern.

Wie der Name vermuten lässt, befindet sich das Kino **Souterrain** (Dominikanerstr. 4) in einem Keller. Mit nur 70 Sitzplätzen ist es das kleinste Programmkino der Stadt und statt in Kinosesseln nimmt man hier auf Stühlen Platz. Dem künstlerischen Programm von der Filmrolle tut das aber keinen Abbruch.

Alles, was du über die zusammengeschlossenen Düsseldorfer Filmkunstkinos noch wissen willst, findest du auf ihrer gemeinsamen Webseite. Für regelmäßige Programmhinweise abonnierst du am besten den Newsletter. www.filmkunstkinos.de

Weil es sich ja anbietet, beherbergt das städtische Filmmuseum in seinen Räumen gleich ein eigenes Kino: die **Black Box** (Schulstr. 4). Gezeigt werden hier vor allem erlesene Filmklassiker. Verschiedene Filmreihen widmen sich darüber hinaus wechselnden Themen, internationale Filme werden im Originalton mit Untertiteln gezeigt.

Einzigartig sind die Stummfilme, zu denen ein Musiker am Klavier oder an der Kinoorgel simultan in die Tasten greift. Eine solche Vorführung kannst du einmal im Monat, samstags um 20.00 Uhr, erleben. www.duesseldorf.de/filmmuseum --> Black Box

Uni-Kino

Sollte sich dein Leben sowieso nur auf dem Campus abspielen, dann brauchst du ihn nicht mal zum Filmgucken zu verlassen – gibt es doch das **Campus-Kino** der Heinrich-Heine-Universität (Universitätsstr. 1). Hier läuft in der Regel alle zwei Wochen ein Film, über den du vorher im Internet abstimmen kannst. Der Eintritt ist frei. Da sich je nach Semester Tag, Zeit und Ort ändern können, halte dich am besten über die sozialen Netzwerke auf dem Laufenden. www.facebook.com/groups/campuskino

Infos zu allen Kinos der Stadt und ihrem jeweiligen Programm gibt es in der Kinozeitung **Biograph**. Die liegt in Kinos und Kneipen aus und ist auch online verfügbar: www.biograph.de

Open-Air-Kino

Wenn du Kino nur als Schlechtwetteralternative nutzt, hast du vermutlich noch nie einen richtig guten Film auf der Leinwand gesehen. Aber eines steht fest: Wenn das Wetter in Düsseldorf am besten ist, dann ist es Zeit für Sommernachtskino unter freiem Himmel!

Prominentestes Beispiel fürs Freiluftkino in Düsseldorf ist das **Commerz Real Cinema** (Robert-Lehr-Ufer). Es findet im Juli und August direkt am Rhein statt und verfügt nach eigenen Angaben über die größte hydraulische Leinwand der Welt. Gezeigt werden die Lieblinge des internationalen Filmgeschehens. Und solltest du bei der

Filmauswahl doch einen Fehlgriff gemacht haben, kannst du stattdessen immer noch auf den romantisch dahinplätschernden Rhein gucken. www.openaircinema-duesseldorf.de

Etwas bescheidener geht es beim **Vier-Linden-Open-Air-Kino** (Siegburger Str. 25) zu, das mitten im Südpark im Innenhof des Akki-Hauses stattfindet. Sobald es im Sommer draußen dunkel wird, wird's auf der Leinwand freitags und samstags ab ca. 21.30 Uhr umso heller. Und am Sonntagabend kannst du dich hier zum Tatort-Gucken verabreden. www.vierlinden-openair.de

An mehreren Wochenenden im August veranstaltet die Filmwerkstatt Düsseldorf (Birkenstr. 47) die **Flingern-Lichtspiele**. Hier gibt es künstlerisches Freiluftkino, das auf das Prädikat Hollywood verzichtet. Stattdessen laufen Independent-Streifen, Dokumentationen und preisgekrönte Produktionen von deutschen Kunsthochschulen. www.filmwerkstatt-duesseldorf.de

Theater

Dank Napoleons Wirken gilt Düsseldorf als „Klein-Paris" und gerade, was die Theater-Szene anbelangt, kann sich die Stadt am Rhein durchaus selbstbewusst mit der Metropole an der Seine messen. Vorhang auf!

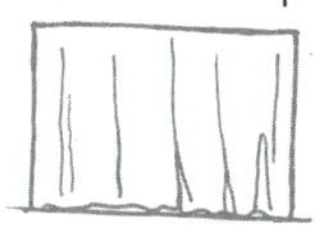

Große Theater

Schwungvoll und skulptural gebaut steht es da, das **Düsseldorfer Schauspielhaus** (Gustaf-Gründgens-Platz 1). Auf den Bühnen des Großen und des Kleinen Hauses erwecken die Schauspieler Charaktere von Beckett bis Shakespeare zum Leben. Aufwändige Inszenierungen und gewaltige Kulissenkonstruktionen garantieren hier das ganz große Theater.

Der jugendliche Ableger des Hauses ist das **Junge Schauspielhaus** (Münsterstr. 446). In einer alten Fabrikhalle bieten die Darsteller ein buntes Programm für Kinder und Jugendliche – vom Märchen über den Jugendbuchklassiker bis hin zum politischen Gegenwartsstück. www.duesseldorfer-schauspielhaus.de

Wer statt gesprochenen Worten lieber eine Arie entgegengeschmettert bekommen möchte, findet sich auf den Rängen des Düsseldorfer Standorts der **Deutschen Oper am Rhein** (Heinrich-Heine-Allee 16a) ein. Neben klassischen Opernwerken stehen auch moderne Adaptionen auf dem Spielplan. Getanzt wird in diesem Haus auch, denn es fährt zweispartig: Die rund 50-köpfige Ballettkompanie bewegt sich mit Werken der großen Meister und junger Choreographen quer durch alle Stilrichtungen der Ballettwelt. Den Orchestergraben besetzen dazu zumeist die Düsseldorfer Symphoniker und die Duisburger Philharmoniker. www.rheinoper.de

Im **Theater an der Kö** (Schadowstr. 11) sind getragener Pathos und toternste Tragik nicht zu befürchten, denn hier spielt die Komödie die Hauptrolle. Das zieht nicht nur Zuschauer an, sondern auch einige bekannte Gesichter aus dem deutschen TV, die hier auf der Bühne stehen, um gesellschaftliche (Ab-)Normalitäten zu inszenieren. www.theateranderkoe.de

Kollektives Tanzbeinschwingen in professionell gibt's im **tanzhaus nrw** (Erkrather Str. 30) zu sehen. Auf zwei Bühnen werden jedes Jahr mehr als 250 Aufführungen, thematische Sequenzen und

Gastspiele performt. Wenn es dich beim Zugucken selbst kaum noch auf dem Sitz hält, kannst du dich vor Ort bei Kursen und Workshops zu den Tänzen der Welt selbst in Schwingung versetzen. www.tanzhaus-nrw.de

Ohne festes Ensemble, dafür aber als Ort für professionelles freies Theater existiert das **Forum Freies Theater** (FFT) an den Spielstätten **Kammerspiele** (Jahnstr. 3) und **Juta** (Kasernenstr. 6). Dabei gehen die Aufführungen gerne über die Grenzen des klassischen Theaters hinaus, bewegen sich zwischen Spiel, Musik, Tanz und bildender Kunst. Alle zwei Jahre findet hier zudem das Festival „Made in Düsseldorf" statt: Die Theateramateure der Stadt erhalten dabei Raum für ihre Experimente. www.forum-freies-theater.de

Kleine Theater

Der Name der **Komödie** (Steinstr. 23) spricht eigentlich schon für sich, und tatsächlich: Hier geht's humorvoll zu. Sonnige Komödien über ganz normal unnormale Menschen werden hier auf die Bühne gebracht. Dann und wann steht auch Kabarett auf dem Programm. Die Voraussage für den nächsten Besuch: heiter! www.komoedie-steinstrasse.de

Fern des großen Schauspielhauses liegt auf der anderen Rheinseite das wohl kleinste Theater von Düsseldorf: das **Theater an der Luegallee** (Luegallee 4) in Oberkassel. Es ist ein Zimmertheater und ermöglicht es, sich die Schminke der Schauspieler mal von ganz Nahem anzuschauen. Aufgetragen wird diese vorzugsweise für Komödien über das Leben und die Liebe, aber auch Kabarettisten und Musikensembles unterhalten ihr Publikum von der kleinen Bühne aus. www.theaterluegallee.de

Das **Theater der Klänge** bietet intellektuelle Unterhaltung mit Licht, Tanz, Musik und Schauspiel und geht dabei nicht gerade massentaugliche Wege. Wenn z.B. Videokunst auf Bachs Cello Suite in c-Moll trifft, ist das nichts für Freunde eines einfachen Plots. Jedes Jahr entwickelt das Ensemble eine Produktion, tourt damit durch die Stadt und über ihre Grenzen hinaus und findet dabei immer wieder ein Publikum, das sich von Unerwartetem begeistern oder zumindest provozieren lässt. www.theater-der-klaenge.de

Impro-Theater

Im besten Falle sitzt beim Theater der Text, jede Bewegung und natürlich auch die Maske. Was aber, wenn es gar keinen Text gibt? Na gut, dann kann man ihn wenigstens nicht vergessen. Aber dafür muss dann improvisiert werden, jedes einzelne Wort feiert Premiere. Also, ein Hoch auf die Spontaneität!

Beim **Improtheater Phönixallee** wird nichts durch einen Regisseur inszeniert. Die Aufführungen finden im **Theatermuseum Düsseldorf** (Jägerhofstr. 1) statt – was gespielt wird, hängt von den Anweisungen des Publikums ab. Es lässt sich vorher also schwer sagen, was kommt. www.phoenixallee.de

Mit den **SpielLunken** hat sich eine Improtheatergruppe zusammengefunden, die einiges vorhat: Nicht nur Witz, sondern auch emotionale Geschichten mit Herz wollen die Akteure erschaffen und ihrem Publikum nahebringen. Wechselnde Orte dienen der Gruppe dabei als Bühne. www.facebook.com/SpielLunken

Die **Theaterfabrik** (Luisenstr. 120) in Friedrichstadt ist ein kleines, freies Theater. Vor der Bühne gibt es gebrauchte Möbel, auf der

Bühne frisch improvisierte Worte. Manchmal wird aber auch Vorproduziertes aufgeführt. Studierende bekommen auf ihre Karten großzügige Ermäßigungen, aber auch der volle Preis ist noch erschwinglich. Bei den Schauspielkursen der Theaterfabrik kannst du außerdem auch selbst Bühnenluft schnuppern.

www.theaterfabrik.org

Die besonders gemütlichen Plätze auf den Sofas in der ersten und zweiten Reihe kannst du kostenlos reservieren!

Kleinkunst & Kabarett

Gutes Kabarett ist wie gutes Essen: bissfest und auf den Punkt. In Düsseldorf bekommst du davon jedenfalls so einiges aufgetischt!

Das **Kom(m)ödchen** (Kay-und-Lore-Lorentz-Platz 1) ist das Aushängeschild der Düsseldorfer Kabarettszene. Schon Harald Schmidt pikste hier einst seine Spitzen in brisante Themen. Das derzeitige Ensemble nimmt sich ebenfalls den aktuellen politischen und gesellschaftlichen Themen an. Das kleine Theater hinterfragt, provoziert und amüsiert dabei liebend gerne. Und keine Sorge: Keiner im Ensemble ist bissig.

www.kommoedchen.de

Dem **Savoy Theater** (Graf-Adolf-Str. 47) im originalen Stil der 50er Jahre steht die Mondänität auf die Fassade geschrieben. Neben kabarettistischen und musikalischen Künstlern werden

zahlreiche prominente Comedians auf die Bühne angesetzt.
www.savoy-theater.de

Das Material, das dem **Theateratelier Takelgarn** (Philipp-Reis-Str. 10) seinen Namen gibt, gilt als besonders reißfest und wird von den Takelgarn-Gründern zum Aufhängen der Marionetten verwendet. Ursprünglich als Figurentheater gestartet, bietet es inzwischen an etwa vier Abenden in der Woche einen abwechslungsreichen Mix aus Kaberett, Komik und Konzert – Belustigung von albern bis zynisch und nicht selten musikalisch unterstützt.
www.takelgarn.de

Das **Theater FLINgern** (Ackerstr. 144) steht für Kleinkunst, die in Wirklichkeit viel größer ist, als ihr Name vorgibt. Die Schauspieler des FLINgern-Ensembles stellen überwiegend heitere Eigenproduktionen auf die Bühnenbeine. Und wenn sie mal nicht spielen, laden sie Künstler des Kabaretts und der Revue oder den ein oder anderen Musiker auf ihre Bühne ein. www.theaterflin.de

Das **Theater der Dämmerung** macht Kleinkunst der ganz anderen Art. Große bewegliche Scherenschnittfiguren erzählen dem Publikum Märchen wie „Aschenputtel", „Der goldene Vogel" und „Däumelinchen". Mit ihren kreativen Ideen und beeindruckend erzählten Geschichten locken die Puppenspieler aber nicht nur Kinder an, im Gegenteil: Die Inszenierungen von „Faust" oder „Tristan und Isolde" richten sich außschließlich an ein erwachsenes Publikum. Die Aufführungen finden meistens im Theatermuseum (Jägerhofstr. 1) statt. www.theaterderdaemmerung.de

Die Spieler des **Düsseldorfer Marionetten-Theaters** (Bilker Str. 7) haben im fantastischsten Sinne die Fäden in der Hand: Liebevoll handgefertigte Marionetten (wirkliche Kunstwerke!) erzählen hier Märchen, Fabeln, aber auch Dramen, die längst nicht alle aus dem gleichen Holz geschnitzt sind. Eindrucksvoll untermalt wird das Spiel durch Geräusche und Musik.
www.marionettentheater-duesseldorf.de

Zirkus & Varieté

Auch wenn es unmöglich scheinen mag in Düsseldorf, der Stadt des Glamours, des Glitzers und des Glanzes: Es kann sie geben, die graue Alltagstristesse. Wie wäre es da mal wieder mit etwas Magie und atemberaubender Artistik? Lass dich dazu am besten im Varieté verzaubern oder in der weitläufigen Manege im Zirkuszelt ganz groß unterhalten.

Das Zentrum der städtischen Artistik ist **Roncalli's Apollo Variéte** (Apollo-Platz 1). Bernhard Paul, der Gründer des berühmten Circus Roncalli, war es, der hier in der Tradition des einstigen Düsseldorfer Apollo-Theaters das Varieté wieder aufleben ließ. In dem stilvoll eingerichteten Saal nimmst du an einem der Tische vor der Bühne Platz. Die zu bestaunenden Artisten, die hier abends mit ihren Körpern und Fingerfertigkeiten fulminante Visionen erschaffen, kommen aus aller Herren Länder und entführen dich in eine Traumwelt.
www.apollo-variete.com

„Witzischkeit kennt keine Grenzen", so heißt es im gleichnamigen Lied von Hape Kerkeling. Bewiesen wurde das schon im Musical „Kein Pardon", das in Düsseldorf Welturaufführung hatte. Genauer gesagt debütierte es im **Capitol Theater** (Erkrather Str. 30) – der Musicalbühne von Düsseldorf. Doch nicht nur Grease, Cabaret und Cats gehen hier über die Bühne, sondern auch andere Shows mit

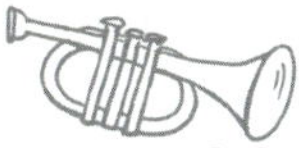

Elementen des Varietés. Zusätzlich gewährt es dem „Quatsch Comedy Club" Zutritt. www.capitol-theater.de

Jedes Jahr schlagen mehrere Zirkusse in Düsseldorf ihre Zelte auf. Darunter sind unter anderem der **Circus Roncalli** und sogar der **Cirque du Soleil**. Wann welcher Zirkus in der Stadt oder in der unmittelbaren Umgebung gastiert, ist für gewöhnlich dank intensiver Plakat-Werbung nicht zu übersehen.

Museen

Bereits im 19. Jahrhundert ist Düsseldorf durch die „Düsseldorfer Malerschule" als Kunststadt bekannt geworden. Später waren es herausragende Künstler wie Joseph Beuys, seines Zeichens erst Student und später Professor an der heutigen Kunstakademie, die Düsseldorf groß machten.

Zahlreiche Museen in der Stadt präsentieren heute klassische Werke aus vielen Epochen, Modernes und Hochaktuelles. Das museale Düsseldorf ist renommiert und so wundert es nicht, dass etwa die Kunstsammlung insgeheim als Nationalsammlung gehandelt wird.

Kunst & Kunstgeschichte

Im Zentrum der Stadt erhebt sich die **Kunsthalle Düsseldorf** (Grabbeplatz 4). Das graue Betongebäude beherbergt keine eigene Sammlung, sondern präsentiert immer wieder wechselnde Ausstellungen mit internationalem Format und mit einem Schwerpunkt auf zeitgenössischer Kunst. Passend zu

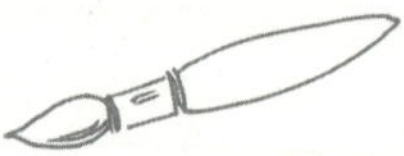

Düsseldorf liegt ein Schwerpunkt auf der asiatischen Kunstszene. Besonders ist auch das umfangreiche Begleitprogramm aus Workshops, Kursen und Künstlergesprächen.
www.kunsthalle-duesseldorf.de

Welche Bedeutung hat die zeitgenössische Kunst für die gegenwärtige Gesellschaft? Die Auseinandersetzung mit dieser Frage bestimmt das Programm des **Kunstvereins für die Rheinlande und Westfalen** (Grabbeplatz 4). Unter einem Dach mit der Kunsthalle finden entsprechend wechselnde Ausstellungen statt.
www.kunstverein-duesseldorf.de

An vielen Orten in Düsseldorf gilt die **Art:card**. Die Jahreskarte kannst du in fast allen Museen für 80 Euro kaufen und hast dann überall freien Eintritt.
www.duesseldorf.de
--> Kunst & Kultur
--> Art:cards

Die **Kunstsammlung NRW** ist so groß, dass sie sich gleich auf drei Standorte aufteilt. Für alle Standorte gilt: Jeden ersten Mittwoch im Monat ab 18.00 Uhr ist der Eintritt in die Kunstsammlung frei!

Da wäre zum einen das **K20** (Grabbeplatz 5). Hier sind unter anderem Werke des deutschen Expressionismus sowie von Picasso und Kandinsky versammelt. Außerdem werden Installationen, etwa von Beuys, gezeigt und viel Kunst der Moderne, ergänzt durch wechselnde Ausstellungen.

Im **K21** im **Ständehaus** (Ständehausstr. 1) bekommt je ein Künstler einen ganzen Raum zur Verfügung gestellt. Darin ist es ihm überlassen, wie er seine Werke präsentiert und so in das Museum einbindet bzw. umgekehrt.

Am dritten Standort wird's theoretischer: Im **F3 Schmela Haus** (Mutter-Ey-Str. 3) finden zu wechselnden Themenreihen Vorträge, Diskurse und Filmvorführungen statt. So beschäftigt sich die Reihe

„Futur 3" z.B. mit dem Thema Zukunft in der Gegenwart. www.kunstsammlung.de

Das **Museum Kunstpalast** (Ehrenhof 4-5) wird seinem Namen wirklich gerecht: Palastartig und prächtig ist es nicht nur in seinen Ausmaßen, sondern auch in der Innenausstattung: So wartet es neben wechselnden Ausstellungen mit einer Gemäldegalerie europäischer Malerei vom 15. bis 20. Jahrhundert, einer Abteilung zu Moderner Kunst des 20. und 21. Jahrhunderts, einer graphischen Sammlung und einer Skulpturen- und Angewandte-Kunst-Sammlung auf. www.smkp.de

Darüber hinaus ist auch noch das **Glasmuseum Hentrich** mit inbegriffen: Durch 3.500 Jahre gläserne Kunst kannst du hier blicken – vom antiken Schmuckstück bis hin zur zeitgenössischen Skulptur. Doch damit nicht genug, mehrere Archive zu Forschung und Dokumentation sowie eine Bibliothek stehen ebenfalls zur Verfügung. Solltest du von dieser Fülle erschlagen sein, kannst du dir auch einfach nur das Kunstwerk des Monats angucken, und zwar jeden ersten Mittwoch im Monat von 12.30 bis 12.50 Uhr. www.smkp.de
--> Sammlungen
--> Glas

Dass Kunst an ungewöhnlichen Orten besonders wirken kann, zeigt das **KIT** (Mannesmannufer 1b). „Kunst im Tunnel" ist in einem Raum zwischen den Röhren des Rheinufertunnels untergebracht. Ob Projektion oder Plastik, hier kannst du

dich eindringlich mit wechselnden Werken der zeitgenössischen Kunst auseinandersetzen. www.kunst-im-tunnel.de

Mit seiner futuristischen Architektur wie den Gehry-Bauten ist der Medienhafen an sich schon sehenswert. Museal wird's im Hafen aber mit dem **KAI 10** (Kaistr. 10). Die Institution der Arthena Foundation zeigt jährlich mehrere Ausstellungen aktueller Werke und versteht sich unter anderem als Plattform für die Bilder und Gebilde internationaler Jungkünstler. www.kaistrasse10.de

Werke von Studierenden der Kunstakademie werden beim jährlichen **Rundgang durch die Akademie** präsentiert.

Mehr dazu findest du im Kapitel „Feste Feste" auf S. 252

In der **Akademie-Galerie** (Burgplatz 1) werden die Werke von Kunstakademikern wie Joseph Beuys und weiteren Lehrenden sowie erfolgreichen Absolventen gezeigt. Jeweils wechselnde Ausstellungen mit Gemälden, Skulpturen oder Fotografien gibt's zum Winter- und Sommersemester. www.kunstakademie-duesseldorf.de

Der **Kunstraum Düsseldorf** (Himmelgeister Str. 107e) befindet sich im dekorativen, denkmalgeschützten Salzmannbau und gehört direkt zum Kulturamt. Künstler aus der Region und dem Rest der Welt finden hier eine Möglichkeit, der Öffentlichkeit ihr Schaffen zu präsentieren. Geöffnet von Donnerstag bis Sonntag. www.kunstraum-duesseldorf.de

Literarisches

Der literarisch bedeutendste Sohn der Stadt ist Heinrich Heine. Selbstverständlich eigentlich, dass es in Düsseldorf ein **Heine-Museum** (Bilker Str. 12) gibt. Gezeigt werden Leben und Werk des Dichters in der Dauerausstellung „Romantik und Revolution" und

Mehr zu Heinrich Heine s. „Literatur", S. 233

auch was wechselnde Sonderausstellungen angeht, lässt man sich nicht lumpen. Von 16.00 Uhr bis Torschluss um 17.00 Uhr ist der Eintritt sogar frei. www.duesseldorf.de/heineinstitut

Manchmal hast du vielleicht das Gefühl, dass Heine in Düsseldorf wirklich allgegenwärtig ist, aber es gibt da tatsächlich auch noch andere Dichter – beispielsweise Johann Wolfgang von Goethe. Ihm gewidmet ist das passenderweise gleichnamige **Goethe-Museum** (Jacobistr. 2) im Lustschloss Jägerhof am Hofgarten. Er war hier übrigens zu Lebzeiten selbst zugegen! Ausgestellt werden heute u.a. Manuskripte, Briefe und Handschriftliches. www.goethe-museum.com

Stadtgeschichte

Endlich Düsseldorf! Aber wieso heißt die Stadt überhaupt so? Wie ist sie entstanden? Und wer war doch noch gleich Jan Wellem? Antworten auf diese Fragen bekommst du im **Stadtmuseum** (Berger Allee 2). www.duesseldorf.de/stadtmuseum

Wie gut, dass es neben den verstopften Autobahnen rund um die Stadt auch noch den Rhein als Wasserstraße gibt. Verkehrshinweise kann das **Schifffahrtmuseum** (Burgplatz 30) liefern. Es befindet sich im Schlossturm, dem einzigen Überbleibsel des früheren Stadtschlosses. Gezeigt wird hier die infrastrukturelle Bedeutung der Schifffahrt auf dem Rhein. Geöffnet ist die Ausstellung jeden Mittwoch, Samstag und Sonntag. www.freunde-schifffahrtmuseum.de

Im **Theatermuseum** (Jägerhofstr. 1) kannst du einen intensiven Blick hinter die Kulissen der große Bühnenkunst werfen und sogar

private Details über das Leben von Theaterschauspielern erfahren. Insbesondere die jahrhundertelange Geschichte der Theaterszene in Düsseldorf wird hier beleuchtet.
www.duesseldorf.de/theatermuseum

Natur

Herrschaftlich geht es im **Schloss Benrath** (Benrather Schloßallee 100-106) zu. 1755 von Kurfürst Carl Theodor von Pfalz-Sulzbach als Lust- und Jagdschloss in Auftrag gegeben, beherbergt das Relikt des Rokoko heute gleich drei Museen auf einmal:

Zunächst lassen sich im **Museum Corps de Logis** Prunk und Pracht des Haupthauses erkunden, aber der Blick durch die Fenster nach draußen zeigt das wahre Highlight: die Gärten! Passenderweise erklärt das **Museum für Europäische Gartenkunst** die systematisch angelegten Gartenanlagen des Schlosses, aber auch antike und moderne Parks und Gärten. Direkt vor der Türe veranschaulichen dir der Englische und der Französische Garten, was du im Museum gelernt hast. Solltest du dich beim Lustwandeln in den Weiten der Anlagen verlaufen, musst du dich sowieso wohl oder übel mit der Natur auseinandersetzen. Oder du setzt deinen Ausflug im **Naturkundemuseum** fort. Flora und Fauna um den Rhein stehen da im Fokus, aber auch der Schlosspark und das naheliegende Neandertal. www.schloss-benrath.de

Solltest du Gefallen an den Vögeln im Park finden: Die **Benrather Vogeluhr** im Naturkundemuseum spielt dir die morgendlichen Gesänge der im Park ansässigen Vögel vor. Als Highlight wird dazu die Morgendämmerung simuliert!

Für Spezialisten

Licht, Kamera, Action! Das **Filmmuseum** (Schulstr. 4) nimmt dich mit auf eine Zeitreise durch die Kino-Geschichte: Von digital und 3D zurück zu schwarz-weiß und stumm, ganz zu den Anfängen der bewegten Bilder. Zudem gibt's Requisiten, Kostüme und auch ein nachgebautes Filmstudio zu erkunden. Die Filme dazu kannst du im museumseigenen Kino „Black Box" sehen.
www.duesseldorf.de/filmmuseum

Im **Deutschen Keramikmuseum Hetjens** (Schulstr. 4) geht es nur am Rande ums Badezimmer. Gezeigt wird hier eine weltweit einzigartige Sammlung zur Historie von Fliesen, Geschirr und anderen Kostbarkeiten aus Keramik. Du kannst sogar selbst dein Geschick an der Töpferscheibe beweisen, denn dazu finden laufend Kurse statt.
www.duesseldorf.de/hetjens

Neben Altbier ist Düsseldorf kulinarisch vor allem für Senf bekannt. Dem widmet sich deshalb auch das **Senfmuseum** (Berger Str. 29) im Senfladen von Löwensenf. Von der Geschichte über die Verarbeitung bis hin zu seiner Wirkung erfährst du hier alles über die Pflanze und das Endprodukt. Natürlich kannst du jede Senfsorte, die angeboten wird, auch gleich probieren. Wie wär's mal mit Honig-Dill?
www.loewensenf-senfladen.de
--> über Löwensenf --> Senfladen

Auf dem Düsseldorfer Nordfriedhof erhebt sich der so genannte Millionenhügel. Hier befinden sich einige monumentale Grabmäler von wohlhabenden Industriellen. Besonders imposant ist das tempelartige Grab der Familie Henkel.

Für gewöhnlich geht es im Museum um das, was sich innerhalb des Bilderrahmens befindet. Einige Bilderrahmen sind allerdings selbst echte Kunstgegenstände. Das **Rahmenmuseum** (Bilker Str. 5) legt sein Augenmerk auf dieses Drumherum – von Gotik bis Jugendstil und besonders gerne auf Exemplare aus dem Italien des 16. Jahrhunderts. Die ungefähr 1200 Rahmen sind nur nach Vereinbarung zu besichtigen. www.conzen.de/rahmenmuseum

Die Stiftung **imai – inter media art institute** (Ehrenhof 2) befasst sich in ihren Ausstellungen mit Medienkunst, genauer: mit Videokunst von den 60er Jahren bis heute. Der Bestand ist gründlich archiviert und per Online-Katalog sogar von zu Hause aus zugänglich. Um die 1300 Videos kannst du dir online in voller Länge ansehen. www.imaionline.de

Planetarium

Ein Blick in die Weiten des Weltalls ist in Düsseldorf selbst leider nur mit dem bloßen Auge oder einem eigenen Teleskop möglich. Wenn du mehr sehen möchtest, musst du ins **Stellarium Erkrath** (Sedentaler Str. 105, Erkrath) in Düsseldorfs kleine Nachbarstadt fahren. In der Projektionskuppel wird das komplette Sternenpanorama geboten. Vorbeifliegende Himmelskörper inklusive!
www.snh.rp-online.de --> Planetarium

Konzerte

Düsseldorf ist musikalisch so bunt, dass man sich manchmal die Augen bzw. die Ohren reiben möchte. Das führt auch dazu, dass du im Prinzip jeden Tag Live-Musik genießen kannst – zumindest, wenn du nicht nur auf einen einzigen Musikstil abonniert bist. Lokalmatadoren sind natürlich die Düsseldorfer Stadtmusikanten, die Toten Hosen, aber auch Heino ist von hier. Düsseldorf hat sie alle: Symphoniker, Weltstars, die Stadien füllen oder gefühlvolle Singer-Songwriter, die in intimer Atmosphäre berühren – sie kommen in die Düsselstadt. Die Locations sind dabei so unterschiedlich wie die Künstler.

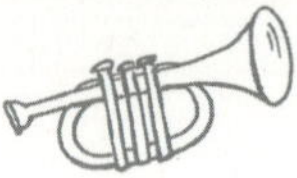

Klassik

Ursprünglich war die **Tonhalle** (Ehrenhof 1) einmal als Planetarium konzipiert, wurde jedoch nie als solches genutzt. Nach wie vor entfaltet der Kuppelbau aber in seinem Inneren eine Art Sternenfirmament, unter dem das Orchester der Düsseldorfer Symphoniker noch eindrucksvoller klingt. Manche nennen es sogar „Deutschlands schönstes Konzerthaus". www.tonhalle.de

Unter dem Dach de Museums Kunstpalasts befindet sich der **Robert-Schumann-Saal** (Ehrenhof 4-5). Er wurde als Kammermusiksaal konzipiert und wird immer wieder für seine hervorragende Akustik gelobt. Die Ensembles und Solisten geben meist klassische Konzerte zum Besten, aber auch Jazz steht auf dem Programm. www.smkp.de/musik-buehne

Ein Besuch der **Robert-Schumann-Hochschule** (Fischerstr. 110) lohnt sich auch für Nicht-Studenten. In den beiden Konzerträumen der Hochschule, dem Partika-Saal und dem Kammermusiksaal, treten die Studierenden bei Konzerten, Prüfungen und Vortragsabenden regelmäßig vors Publikum. www.rsh-duesseldorf.de

Der **Palais Wittgenstein** (Bilker Str. 7–9) ist ein kleines Kulturzentrum in der Carlstadt. Neben dem Düsseldorfer Marionettentheater verbirgt sich hinter den schmiedeeisernen Toren auch ein Kammermusiksaal mit knapp 250 Sitzplätzen. Hier finden regelmäßig Konzerte statt; so beispielsweise die Konzertreihe „Sonntags um 11".

Auf einer Wiese in der „grünen Lunge" Düsseldorfs steht der **Musikpavillon im Hofgarten** (An der Reitallee). Hier werden bereits seit 50 Jahren die Hofgartenkonzerte auf die Bühne gebracht. Von Mai bis September treten jeden Sonntag um 11.00 Uhr Orchester, Chöre, Blasmusiker oder Singer-Songwriter auf. Du kannst gemütlich von der Wiese aus zuhören und zwar für lau!

Das **notabu.ensemble neue musik** hat sich ganz der zeitgenössischen Kammer- und Orchestermusik verschrieben. Auf dem Programm stehen Werke von John Cage bis Anton Webern. In Düsseldorf tritt es an verschiedenen Orten auf, häufig aber in der Tonhalle. www.notabu-ensemble.de

Die **Neue Düsseldorfer Hofmusik** ist ein Orchester, das die barocke Blütezeit der Stadt in die Gegenwart zurückholt. Das Ensemble lässt Musik der Vorklassik und des Barock auf höchstem Niveau und auf authentischen Instrumenten ertönen. Häufigste Spielstätte ist das Schloss Benrath. www.hofmusik.de

Dass die eigene Stimme ein ganz besonderes Instrument ist, ist kein Geheimnis. Wenn der **Figuralchor Düsseldorf** in Düsseldorfer Kirchen auftritt, fragt man sich dennoch, ob hier nicht auch etwas Magie im Spiel ist. Das anspruchsvolle, überwiegend geistliche Repertoire des Chors wird nämlich meist a capella vorgetragen – und dennoch klingt das Ganze so voluminös wie ein ganzes Orchester! www.figuralchor-duesseldorf.de

Pop, Rock & Co.

Egal, welche Art, Lautstärke und Besetzung von Pop- oder Rockkonzert du bevorzugst, im breiten Angebot des Düsseldorfer Konzertkalenders wirst du bestimmt fündig. Das besondere Live-Erlebnis findest du in jeder Größenordnung. Hier die Tipps von der ganz großen Arena bis zum kleinsten Stübchen:

ISS Dome (Theodorstr. 281): Wenn hier nicht gerade die DEG beim Eishockeyspielen den Puck jagt, treten in der ovalen Halle mit dem futuristischen Stahlhelm internationale Stars wie Robbie Williams und Pharrell Williams auf. Obwohl als Eisstadion konzipiert, hat die Halle mit dem Winter übrigens ihre Probleme. Dann muss schon mal ein Hubschrauber vorbeikommen und ihr die Schneelast vom Dach fegen. www.issdome.de

Die **ESPRIT arena** (Arena-Str. 1) ist das Heimstadion von Fortuna Düsseldorf und mit über 50.000 Sitzplätzen die Mega-Halle der Stadt. 2011 wurde sie als Veranstaltungsort für den Eurovision Song Contest ausgewählt, ansonsten geben sich hier auch internationale Legenden wie die Rolling Stones und Coldplay die Ehre.
www.espritarena.de

Demgegenüber klingt die **Mitsubishi Electric Halle** (Siegburger Str. 15) mit „nur" 5.500 Plätzen richtig beschaulich – wobei, ein Wohnzimmerkonzert ist auch das nicht gerade. In der Mehrzweckhalle geben ebenfalls nationale und internationale Größen der Pop- und Rockmusik ihre Lieder zum Besten.
www.mitsubishi-electric-halle.de

Bei Lichte betrachtet, sieht das **Stahlwerk** (Ronsdorfer Str. 134) eher wie eine unansehnliche Industriehalle aus – und tatsächlich war es das auch früher. Doch mit der entsprechenden Beleuchtung wird daraus abends eine bunte Konzert- und Partylocation, in der anstelle von Stahlrohren nun Töne produziert werden. Pop, Rock, aber auch Rap gibt es hier zu hören.
www.stahlwerk.de

Das **zakk** (Fichtenstr. 40) ist das alternative Kulturzentrum mit dem unantastbarem Kultstatus und eine gefeierte Plattform für Düsseldorfer Newcomer. Aber auch Musiker aus anderen Teilen der Erde (und Köln) betreten hier die Bühne. Da im Kulturzentrum auch jede Menge Lesungen, Partys und andere Veranstaltungen stattfinden, solltest du in den Online-Kalender schauen, bevor du in der blinden Hoffnung auf Live-Musik vorbeikommst. www.zakk.de

Noch ziemlich neu in Düsseldorf ist das **Weltkunstzimmer** (Ronsdorfer Str. 77a), in dem auf zwei Etagen neben unbekannten bildenden Künstlern auch junge Musiker ein temporäres Zuhause bekommen. Einmal im Monat steigt im Musikzimmer die gleichnamige Konzertserie. Über die jeweiligen Stile und Musiker informiert dich die Webseite des Kunstzentrums. www.weltkunstzimmer.de

The Tube (Kurze Str. 9) ist ein Rock'n'Roll-Club, der für kleine, aber feine Konzertabende steht. Die Bands spielen in den beengten Räumlichkeiten mal Rock, mal Punk, mal Metal, jedenfalls bleiben sie immer abseits des Mainstreams. www.the-tube-club.com

Auch das **Pitcher** (Oberbilker Allee 29) ist eine Kneipenlocation jenseits des Mainstreams. Rock on! Oder Rock'n'Roll, je nachdem, aber unbedingt laut. Es empfiehlt sich daher der Einsatz einschlägig bekannter Zeichensprache ... www.pitcher29.com

In der **Kassette** (Flügelstr. 58) spulen vorzugsweise Singer-Songwriter ihr folkiges, poppiges oder chansongefärbtes Programm ab. Der Gemütlichkeitsfaktor ist durch Chesterfield-Sofa & Co. besonders hoch. www.die-kassette.de

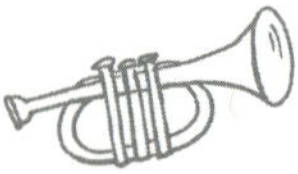

Jazz

In der **Jazz-Schmiede** (Himmelgeister Str. 107g) wurde einst tatsächlich Eisen geschmiedet. Heute werkeln in diesem Konzertsaal unterschiedlichste Musiker bei einer Vielzahl an Jam-Sessions, Big-Band- und Weltmusik-Konzerten an der Belebung der Düsseldorfer Jazz-Szene. www.jazz-schmiede.de

Em Pöötzke (Mertensgasse 6) heißt die älteste Jazz-Kneipe des Landes, in der die Musiker noch wie am ersten Tag ihre Instrumente grooven. Das mit dem Alter trifft zwar auch auf viele der Gäste zu, aber dennoch – oder gerade deshalb – ist die Location legendär! Die Live-Auftritte starten mittwochs bis samstags gegen 21.00 Uhr. www.jazz-em-poetzke.de

Von Mitte Mai bis Mitte September macht die Jazz-Schmiede Sommerpause. Zum Trost gibt's aber **Jazz und Weltmusik im Hofgarten**: Am Musikpavillon finden am letzten Samstag im Juli und an den ersten drei August-Samstagen eine Reihe von Open-Air-Konzerten statt.

Die **Destille** (Bilker Str. 46) ist ein Literatenlokal, in der es jeden Sonntagabend ab 20.00 Uhr für umme West-Coast-Jazz-Sessions gibt. Unterschiedliche Musiker, gleichbleibende Klangqualität.
www.destille-duesseldorf.de

Tipp: Die ganze Stadt jammt bei der jährlichen Jazz Rally. Mehr Infos dazu unter „Festivals", S. 238!

Literatur

Der literarisch größte Sohn der Stadt ist zweifelsohne Heinrich Heine. Christian Johann Heinrich Heine (eigentlich Harry, Christian Johann Heinrich war sein Taufname) wurde am 17. Dezember 1779 in Düsseldorf geboren. Das ist auch schwer zu vergessen, denn wenn du durch die Stadt spazierst, triffst du unweigerlich auf die Heinrich-Heine-Allee, die Heinrich-Heine-Universität, das Heine-Haus oder auf eines seiner Denkmäler. Heine gilt als letzter Dichter der Romantik und nicht umsonst auch als einer der bedeutendsten, die Deutschland zu bieten hat.

Allen voran widmet sich das **Heinrich-Heine-Institut** (Bilker Str. 12-14) seinem Schaffen. Hier finden Lesungen, Vernissagen und Vorträge statt und das angeschlossene **Heine-Museum** rückt sein Leben und seine Werke mit festen und wechselnden Ausstellungen ins rechte Licht.
www.duesseldorf.de/heineinstitut

Heine Haus

Lesungen und Literaturgespräche

In den meisten aller Fälle werden Bücher heute geschrieben, um gelesen zu werden. Als Leser kann man sich dann ganz allein dem geschriebenen Wort hingeben. Wenn du Literatur aber lieber live und in Gesellschaft erlebst, bietet dir die große Literaturszene der

Stadt diverse Möglichkeiten, Lesungen zu lauschen, bei Literaturgesprächen das Wort zu erheben und mitzudiskutieren.

Die **Heinrich-Heine-Gesellschaft** organisiert solche Veranstaltungen in Zusammenarbeit mit dem Heine-Institut. Dabei steht nicht nur der namensgebende Autor im Mittelpunkt, sondern auch die Werke anderer Schriftsteller. Ergänzt wird das angebotene Programm durch Vorträge, Literaturdiskurse und Veranstaltungen der Literaturforschung. www.heinrich-heine-gesellschaft.de

Im **Heine Haus** (Bolkerstr. 56) erblickte Heinrich Heine das Licht der Welt und auch heute werden dort große Schriftsteller geboren: Die Institution veranstaltet Lesungen, bei denen die Autoren von heute Einblicke in ihre neuen Romane geben. Direkt im Haus ist auch die wunderschöne **Literaturbuchhandlung Müller & Böhm** zu finden. www.heinehaus.de

s. „Buchhandlungen", S. 236

Die **Stadtbücherei Düsseldorf** (Bertha-von-Suttner-Platz 1) ist nicht nur der Hort Tausender Bücher, sondern auch ein Ort, an dem einige davon vorgelesen werden. Immer wieder finden in der Zentralbibliothek sowie den zugehörigen Stadtteilbibliotheken Lesungen verschiedener Autoren zu wechselnden Thematiken statt. Wirf am besten einen Blick auf den Veranstaltungskalender. www.duesseldorf.de/stadtbuechereien

Das Lokal **Destille** ist so etwas wie die Hauptzentrale der Düsseldorfer Literaten. Jeden ersten Samstag im Monat schlägt hier ab 17.00 Uhr die „Blaue Stunde". Jeweils unter einem bestimmten

Motto bringen freie Schriftsteller ihre Texte mit, lesen daraus und sinnieren öffentlich darüber. Auch jeden dritten Samstag im Monat steht taufrische Literatur im Mittelpunkt: Beim Autorenfrühstück von 11.00 bis 13.00 Uhr bekommst du selber die Möglichkeit, deine literarischen Werke zu präsentieren und zu diskutieren.
www.destille-düsseldorf.de

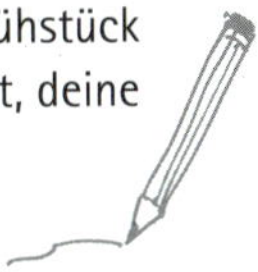

Das **Literaturbüro NRW** (Bilker Str. 5) hat seinen Standort praktischerweise in Düsseldorf. Von hier aus setzt es sich insbesondere für regionale AutorInnen und Literatur über die Region ein. Zu seinem Einsatzgebiet dabei zählen Lesungen, Literaturgespräche sowie zahlreiche weitere Projekte in der Literaturszene. Auch die Düsseldorfer Literaturtage werden von hier aus realisiert. Lokal total wird's unter dem Namen „Frisch gepresst. Neue Bücher aus Düsseldorf". Als klassischer Fall von „Name ist Programm" werden dabei die neuesten Werke von Düsseldorfer Autoren präsentiert. Die Komplettübersicht aller Veranstaltungen des Büros bekommst du am besten online. www.literaturbuero-nrw.de

Eine besonders nette Initiative sind die **offenen Bücherschränke**. Das Konzept hinter den telefonzellenähnlichen Boxen ist simpel: Entdeckst du darin ein lesenswertes Buch, nimm es mit! Dafür kannst du ein Buch aus deinem Bestand wieder hineinstellen. Die jeweiligen Standorte findest du unter: http://blog.openbokx.de

Buchhandlungen

Um dein eigenes Bücherregal daheim aufzustocken, geht's auf in die Buchhandlung! Einige davon sind besonders erlesen:

Ein echtes Highlight im wahrsten Sinne des Wortes ist die Buchhandlung **Mayersche Droste** (Königsallee 18) direkt in der Innenstadt. Auf sechs Etagen breiten sich unzählige Bücher vor dir aus. Im Prinzip bekommst du hier wirklich jedes Buch. Wenn du dich trotzdem für keines entscheiden kannst, dann wirf stattdessen einen Blick aus den Panoramafenstern: Von hier siehst du direkt auf den Kö-Graben. www.mayersche.de --> Düsseldorf

Bist du besonders bibliophil, sei dir das **Buchhaus Stern-Verlag** (Friedrichstr. 24-26) empfohlen. Neben druckfrischer Neuware verfügt die Buchhandlung über ein großes Antiquariat mit mehr als 75.000 Exemplaren. www.buchhaus-sternverlag.de

Die **BiBaBuZe** (Aachener Str. 1), die BilkerBasisBuchZentrale, legt besonderen Wert auf die Verbindung von Literatur und Politik. Zu diesem Themenkomplex finden oft Lesungen nationaler, aber auch internationaler Autoren statt. Entsprechend angeregte oder aufgeregte Diskussionen kannst du im „Kafé-Klub der Roten Dichter" führen. www.bibabuze.de

Die **Buchhandlung Walther König** (Grabbeplatz 4) hat ihr Geschäft im Gebäude der Kunsthalle. Gemäß ihrer Lage widmet sie sich nicht nur dem Wort, sondern im besonderen Maß dem Bild: Hier findest du die beste Auswahl an Bildbänden zu Kunst, Architektur und Design. www.buchhandlung-walther-koenig.de

Die **Literaturbuchhandlung Müller & Böhm** (Bolkerstr. 53) gibt es schon über 25 Jahre. Seitdem ist sie eine absolut stilsichere Adresse für Literatur aus Europa und aller Welt. Aber

auch Kinderbücher, Hörbücher, Philosophie und Lyrik findet man in den weißen Regalen. Wo genau? Einfach vorher auf der außergewöhnlichen Homepage der Buchhandlung die interaktive Karte der Bücherregale konsultieren. www.literaturmueller.de

Poetry-Slam

Literatur kann auch schon mal staubig sein. Beim Poetry-Slam besteht diese Gefahr sicherlich nicht. Hier wird leidenschaftlich um Worte gerungen und um die Gunst des Publikums gebuhlt. Am mehr oder weniger lauten Beifall zeigt sich dann, wie gut die Performance ankam. Mut zum großen Auftritt? Dann slammst du am besten demnächst einmal selbst!

Anlaufstelle Nr. 1 dafür ist das **zakk** (Fichtenstr. 40). Die regelmäßigen Poesieschlachten finden hier schon seit Ewigkeiten statt. Und für wissenschaftliche Slammer gibt es hier auch Science-Slams! Texteschreiben üben kannst du in der Schreibwerkstatt „Poesie & Wortgestöber". Darüber hinaus kommen auch Autoren bereits fertiger Bücher hierher und lesen. www.zakk.de

Jeden zweiten Dienstag im Monat wird beim **Pitcher Poetry Slam** das Schlagfertigste aus der Welt der Worte zum Allerbesten gegeben – natürlich im Pitcher (Bilker Allee 29) in Friedrichstadt. www.facebook.com/pitcherpoetryslam

Festivals

Nur eine Zugabe – und schon ist das Konzert vorbei? Kein Problem bei Festivals. Da geht es endlich einmal lang genug – über Tage, Wochen, manchmal sogar Monate. Und Düsseldorf hat an Festivals wirklich eine ganze Menge zu bieten: klassische Musikfestivals, große Tanz-Events, Film-Spektakel oder einfach alles, was „Kultur" heißt, auf einmal. Hier bekommst du den Überblick:

Musikfestivals

Verteilt auf mehrere renommierte Düsseldorfer Konzertorte wird jedes Jahr im Mai/Juni das **Schumannfest** gefeiert – ein mehrwöchiges Festival der klassischen Musik, ganz zu Ehren Robert Schumanns. www.schumannfest.de

Die **Jazz Rally** ist DAS Jazzfestival schlechthin und das größte seiner Art in Deutschland. Internationale Künstler bringen an Pfingsten Jazz, Blues, Funk und Soul auf verschiedenste Bühnen überall in der Stadt – und das Publikum dazu reist eigens aus ganz Europa an. www.duesseldorfer-jazzrally.de

Sommerkult heißt das Musik-Open-Air-Festival auf dem Campus der Uni (Universitätsstr. 1), das vom Kulturreferat organisiert wird. Namhafte Bands wie Jamaram teilen sich die Bühne mit Newcomern. Meist im Juni und garantiert vorlesungsfrei!
www.asta.hhu.de

Das **Schloss Benrath Musikfestival** ist ein Festival klassischer Musik, das an mehreren Sommerabenden Ende Juli im romantischen Park des Schlosses Benrath (Benrather Schloßallee 100-106) stattfindet. Du und alle anderen Gäste versammeln sich in der Anlage beim Massenpicknick zu beindruckenden Konzerten, spektakulären Beleuchtungseffekten um Haus und Hof, zu Wasserspielen und einem abschließenden Feuerwerk. www.kkg-duesseldorf.de

Das eintägige **Open Source Festival** wird immer im Juli auf der **Galopprennbahn in Grafenberg** (Rennbahnstr. 20) veranstaltet. Auf die Ohren gibt's Pop, Rock, Indie, Electro und zu späterer Stunde wird House aufgelegt. Die Bühnen bespielen kleine, größere und große Musikacts aus der Region und der gesamten Republik. www.open-source-festival.de

Im August bringt das **Asphalt-Festival** zehn Tage lang Theater, Musik und Performance an neue und teilweise ungewöhnliche Orte in der Stadt. So wird schon mal ein unscheinbarer Kiosk oder ein Hotel zur Bühne umfunktioniert. Festivalzentrale und primärer Veranstaltungsort ist das **Weltkunstzimmer** (Ronsdorfer Str. 77a). www.asphalt-festival.de

Mit dem **New Fall Festival** erklingen Electro- und Indie-Acts an Orten, an denen man nicht mit ihnen rechnen würde, wie etwa auf den klassischen Brettern der Tonhalle oder im Robert-Schumann-Saal. Das Ganze findet im Oktober statt, und deswegen ausschließlich drinnen. www.new-fall-festival.de

In den Düsseldorfer Kirchen stehen an die 200 konzertfähige Orgeln. Jedes Jahr von September bis November reisen Organisten aus aller Welt in die Stadt, um beim **IDO-Festival** mit Händen und Füßen in die Tasten und Pedale zu hauen. Ziel ist es, der Orgelmusik zu neuer Popularität zu verhelfen und so gibt es auch Jazz, Folk und Grooviges zu hören. www.ido-festival.de

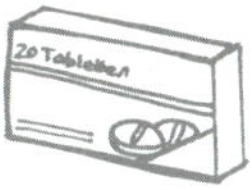

Kulturfestival

Das **düsseldorf festival!** ist der bunte Hund unter den Düsseldorfer Festivals. Ursprünglich bekannt als „altstadtherbst" vereint es Tanz, Musik, Theater und Zirkus – und ist dabei immer innovativ und einzigartig. Macht Spaß und erweitert den Horizont! Halte dir also im September und Oktober am besten ein paar Termine frei. www.duesseldorf-festival.de

Filmfestival

Das **Filmfest Düsseldorf** läuft jedes Jahr im November an und ist ein junges Kurzfilmfestival mit integriertem Wettbewerb. Ausgehend von der Heinrich-Heine-Universität liegt das Festival komplett in studentischer Hand. Wenn du Kurzfilme spannend findest oder gerne selbst mal einen Kurzfilm präsentieren willst, ist das deine Veranstaltung. www.filmfest-duesseldorf.de

Tanzfestivals

Das Tanzfestival **tanz nrw** findet alle zwei Jahre im April und Mai statt und wird auch 2015 und 2017 wieder das ganze Bundesland in Bewegung setzen – und ganz besonders natürlich Düsseldorf, als einen der Hauptaustragungsorte. Hier wird gezeigt, dass Tanz nicht nur ästhetische Performance ist, sondern auch Ausdruck gesellschaftlicher Kritik sein kann. Aufführungsort der zeitgenössischen Tanz-Produktionen ist überwiegend das tanzhaus nrw (Erkrather

Str. 30). Und vielleicht gibt es ja auch mal wieder einen Tanz-Flashmob ...
www.tanz-nrw-aktuell.de

Auf dem **Workshopfestival** kann jeder, vom Hobbytänzer bis zum Vollprofi, seinen Tanz-Horizont erweitern: Immer im August gibt's hier jede Menge Tanz-Workshops, dazu viele, viele Partys und tolle Tanz-Shows am Abend. ww.workshopfestival.de

Barockfest

Rein ins barocke Kostüm und alte Zeiten wieder aufleben lassen! Beim **Barockfest** auf dem Schloss Benrath gibt es dazu das perfekte Programm: Vorführungen, Besichtigungen, Show-Einlagen und Kahnfahrten.
www.schloss-benrath.de
--> Erleben --> Events

Literaturfestival

Bei den **Düsseldorfer Literaturtagen** geht es natürlich um die Literatur in all ihren Erscheinungsformen. Jedes Jahr im Juli gibt es mehrere Tage lang Lesungen, Ausstellungen und Theater. Auch an sonst eher unliterarischen Orten lassen sich Autoren, Schauspieler und Künstler erleben.

Literaturbuchhandlung Müller & Böhm

Eine echte Kostbarkeit ist der **Bücherbummel auf der Kö** (Königsallee): Über 100 Buchhandlungen, Antiquariate und Verlage bauen sich hier entlang des Boulevards auf und zeigen, was sie können.
www.duesseldorfer-literaturtage.de

DAS Fest der Region: Karneval

Helau! Und herzlichen Glückwunsch, du hast gerade die erste Lektion unserer kleinen Karnevalskunde abgeschlossen. Genau, in Düsseldorf heißt es nämlich "Helau!". Wer etwas anderes zu sagen wagt, wird kurzerhand aus der Stadt gejagt. Karneval ist einfach das Fest überhaupt, die fünfte und beste Jahreszeit, ein Lebensgefühl! Hach, Karneval, warum bist du nicht das ganze Jahr?
Ja, Düsseldorf ist eine Karnevalshochburg und eins solltest du wissen: Feier entweder mit oder verlasse gleich die Stadt, denn ein Entrinnen gibt es nicht.

Der ganze Trubel beginnt am 11.11 um Punkt 11.11 Uhr, wie es sich gehört. Den Auftakt markiert stets das **Erwachen des Erzschelms Hoppeditz** auf dem Rathausbalkon und die anschließende Eröffnungsrede. Von diesem Zeitpunkt an gibt es unter den Närrinnen und Narren kein Halten mehr und es wird gefeiert bis zum Abwinken. Die Lage auf den Straßen beruhigt sich jedoch bis Februar vorerst noch, da die Karnevalsvereine in dieser Zeit noch ganz viel mit ihren Sitzungen zu tun haben.

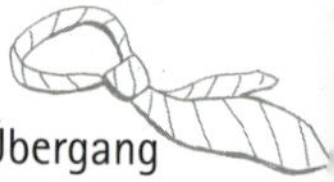

Bis zu **Altweiber** (Donnerstag vor Aschermittwoch), dem Übergang zum Straßenkarneval: Um 11.11 Uhr fallen da die Möhne, die Frauen, über das Rathaus her und nehmen es in Beschlag. Jeder, der an diesem Tag eine Krawatte trägt, muss damit rechnen, sie abgeschnitten zu bekommen. In der Stadt regiert nun offiziell das Chaos.

Tradition hat auch der **Tuntenlauf** am Samstag, bei dem als Frauen verkleidete Männer auf der Kö um die Wette stöckeln.

Tags drauf (Sonntag) heißt es dann sehen und gesehen werden beim **Kö-Treiben**. Die ganze Stadt trifft sich dann auf der Königsallee, selbstverständlich in voller Karnevalsmontur.

Und dann ist auch schon der Höhepunkt erreicht: Rosenmontag! Rund eine Million Menschen säumen die Straßen und Gassen, rufen "Helau!" und fangen Kamelle, wenn der **Zoch**, der Rosenmontagsumzug, durch die Stadt zieht. Berühmt-berüchtigt sind die bissigen Mottowagen von Künstler Jacques Tilly.

Traurigster Tag der ganzen Session ist der **Aschermittwoch**: Der Hoppeditz wird verbrannt, Karneval ist vorbei und die Fastenzeit beginnt. Aber die Tränen trocknen schnell, denn im November geht's ja schon wieder los! www.karneval-in-duesseldorf.de

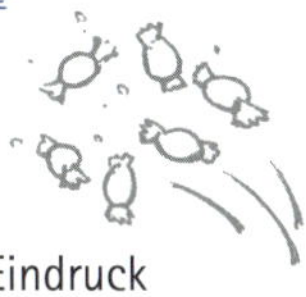

Veranstaltungskalender

Nach der Lektüre dieses Kapitels hast du zwar einen guten Eindruck davon, was in Düsseldorf so los ist, allerdings läufst du trotzdem Gefahr, auch mal etwas zu verpassen. Damit das möglichst selten passiert, solltest du regelmäßig einen Blick in die Veranstaltungskalender werfen:

Den größten Veranstaltungskalender bietet die **Stadt** auf ihrer Homepage. www.mopro.stadt.duesseldorf-tourismus.de

Besonders für Lifestyle und Party zu gebrauchen ist der **Prinz**-Veranstaltungskalender. --> Events
www.prinz.de/duesseldorf

Unabhängig und stilsicher ist **Suffon**, allerdings bietet er entsprechend auch nur ausgewählte Veranstaltungen in Düsseldorf und Umgebung – und nicht jede Mainstream-Party.
www.suffon.de

Auf dem Campus!
Wenn an der Uni etwas Spannendes passiert, erfährst du es am besten über das **Hochschulradio Düsseldorf**. Jede Menge Musik gibt's natürlich obendrauf. Frequenz 97,1 MHz oder gleich online: www.hochschulradio.de

Musik

Musik

Bierbank

Musik

Straßenfest Feiern

Straßenfes

endlich

Musik

feste Feste
Feste
feste
Feste
feste Feste
Musik
Bierbank
Bierbank
Musik
Bierbank
Musik
Feiern
Bierbank
Straßenfest
Musik
Straßenfest
Feiern

Düsseldorf ist natürlich eine Metropole und steht als solche im Fokus unzähliger Beobachter: Unternehmen aus aller Welt florieren hier, die Stadt ist schwer im Geschäft. Die hohe Lebensqualität zieht immer mehr Menschen an und das einstige Dorf an der Düssel ist kurz davor, über die 600.000-Einwohner-Marke hinauszuwachsen. Na, wenn das mal kein Grund zum Feiern ist! Genau das tun die Düsseldorfer auch: Sie feiern die Stadt, ihre Straßen, ihre Menschen und sich selbst.

Zu folgenden Festen bist auch du – und das ohne handschriftliche Einladung – herzlichst willkommen:

Straßenfeste

Das **Internationale Straßenfest** in Flingern im Mai/Juni gibt es nun seit mehr als 35 Jahren. Es findet rund um die Flurstraße, die Bruchstraße und die Schwelmerstraße statt und zeigt rund 20.000 Besuchern Flingerns Vielfalt.

Veranstaltet wird ein großer Trödel, für die Unterhaltung sorgen Aktionen wie z.B. ein Radschläger-Wettbewerb und Musikalisches. Neben kulturellem Austausch gibt es auch noch was Leckeres zu essen und Bierstände für die Durstigen.

Das zakk, das Zentrum für Aktion, Kultur und Kommunikation, ist eine Legende in der Düsseldorfer Kulturszene. Im hochsommerlichen Juli oder August veranstaltet es außerhalb seiner Bedachung das **zakk Straßenfest** (ums zakk herum in der Fichtenstr./Pinienstr.).

Ein Hauptbestandteil des Festes ist der Trödelmarkt. Geziert wird er von Straßenkünstlern, die ihr Können darbieten. Ab dem Nachmittag wird das ganze Treiben mit einer gehörigen Portion Livemusik beschallt, ganz bühnengetreu mit Rock, Pop und singenden Liedschreibern. Ein herrlich entspannter Tag mit Dingen, die man mag. www.zakk.de/strassenfest

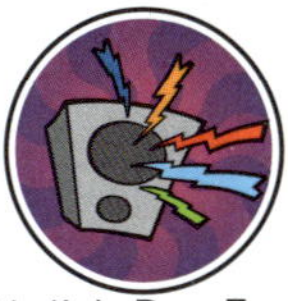

Stadtteilfeste

Hoch her geht's auf der Hohen Straße, wenn jährlich **Das Fest** im Kalender ansteht. Ort des Geschehens im September ist der Stadtteil Carlstadt. Die Besucher stapeln sich zwar nicht, auch wenn es Tausende von ihnen sind, aber es gibt da durchaus steigende Tendenzen. Kein Straßenfest ohne Musik ist auch hier das Motto und die Läden und Lokale zeigen sich von ihrer besonderen Seite. Der rote Teppich wird für den Höhepunkt ausgerollt: die alljährliche Modenschau mit Mode aus der Carlstadt. www.carlstadt.de

Flingern kann auch anderweitig wunderbar dem Konsum frönen. Und das nicht innerstädtisch zurechtgestutzt, sondern individuell: **Flingern at night!** sind die magischen Worte, die die Läden im Viertel an einem Maiabend davon abhalten, nach Schluss den Schlüssel umzudrehen. Da einfach nur einkaufen dann doch etwas schnöde wäre, bieten die ansässigen Geschäfte und Ateliers Besonderheiten an – fraglos auch mit obligatorischer Livemusik.

Sommerfeste

So wirklich dunkel will es zu manchen Zeiten ja gar nicht werden. Wenn es dann doch so weit ist, werden die Kerzen rausgeholt und die kürzeste Nacht des Jahres wird zur kulinarischsten: Zu Mittsommer findet entlang der Rheinuferpromenade die **Lange Tafel** statt. Drei Tage lang servieren die Düsseldorfer Altstadtgastronomen ihre Köstlichkeiten draußen und unterm Sternenzelt – naja fast, denn die Tafel ist überdacht. Für die Romantik sorgen dann Kerzenhalter und Kronleuchter. www.duesseldorf-altstadt.de

Auch beim Mittsommer in Unterbilk schließen die Geschäfte und Lokale rund um die beliebte und belebte **Lorettostraße** an diesem Juniabend nicht, sondern öffnen genau dann noch mal so richtig. Du kannst Streifzüge durch die kleinen Boutiquen unternehmen und von Eingang zu Eingang den einen und auch anderen Leckerbissen zu dir nehmen – immer inmitten herzlicher Gesellschaft der Nachbarschaft. www.loretto360grad.de

Dass Napoleon im Jahre 1811 nach Düsseldorf gekommen ist und unter anderem die Umgestaltung der Königsallee initiierte, ist nicht das einzige französische Odeur von „Klein-Paris", wie die Stadt auch genannt wird. Dazu mischen sich nämlich frisches Baguette und Lavendel, wenn jedes Jahr zur Zeit des französischen Nationalfeiertages im Juli ein Wochenende lang das **Frankreichfest** gefeiert wird.

Entlang der Rheinpromenade und in der Altstadt entsteht ein kultureller und kulinarischer Dialog, der allen Frankophilen und Gourmets besonders munden dürfte. Ob Boule, bretonische Musik, französische Chansons oder traditionelle Tänze – diverse Programmpunkte bringen dich der französischen Kultur ein ganzes Stück näher. Für zu Hause kannst du dich dann noch mit landestypischen Produkten eindecken: Vive la France! www.duesseldorfer-frankreich-fest.de

Tanz in den Mai

Natürlich wird auch in Düsseldorf die Nacht zum **1. Mai** feierlich begangen. Die EINE große Sause gibt es zwar nicht, dafür öffnen aber beinahe alle Clubs – und andere Etablissements – ihre Pforten. Achte doch auf die Plakate, die diese Nacht in der ganzen Stadt ankündigen.

Ein romantischer Brauch in Düsseldorf: das **Maiherz.** Ziel des Liebsten ist es dabei, ein Herz aus hunderten von Krepp-Papierblumen zusammenzusetzen, es dann am Fenster seiner holden Angebeteten aufzuhängen und somit für jeden sichtbar zu verkünden, dass man zusammengehört.

Sportliche Feste

Das Sportfest steht an. Also runter von der Weichbodenmatte und Turnschuhe an! Und eins und zwei und drei und vier und ...

... auf die Plätze, fertig, los! Wenn sich, wie im Jahr 2014, auf dieses Kommando 16.000 Sportler in Bewegung setzen, dann kann es sich nur um den **METRO GROUP Marathon Düsseldorf**, das größte Sportereignis der Stadt, handeln. Läufer aus der ganzen Welt kommen jeden April in die Rheinmetropole, um rund 42 km quer durch Düsseldorf zu laufen.

Solche Szenen gibt es auf der Kö sonst nur beim Schlussverkauf! Überall entlang der Strecke herrscht Trubel und so mancher soll schon Muskelkater vom Anfeuern bekommen haben.
www.metrogroup-marathon.de

Ganz besondere Tradition hat in Düsseldorf das Radschlagen. Ausgelebt wird diese Leidenschaft beim **Stadtsparkassen-Radschlägerturnier** im Juni oder Juli an der unteren Rheinwerft. Hunderte Kinder justieren ihre eigene Achse dabei ganz neu und messen sich darin.

Übrigens: Schon seit dem Mittelalter hat der Brauch Einzug in die Stadt gehalten. www.alde-duesseldorfer.de

Mehr zum Radschlagen in Düsseldorf erfährst du im Kapitel „Mythen“ S. 261!

In den Disziplinen Schwimmen, Radfahren und Laufen messen sich die Athleten beim **T³ Triathlon Düsseldorf**. Es gibt sowohl eine Sprint- als auch eine Olympische Distanz. Wenn du also unbedingt mal im Hafenbecken des Medienhafens plantschen möchtest, ist das deine Chance! Der Startschuss fällt immer an einem Tag im Juli. www.t3-duesseldorf.de

Eine ordentliche Anzahl an Pferdestärken erwartet dich im August beim **Henkel-Preis der Diana**, einem Pferderennspektakel auf der Galopprennbahn in Grafenberg (Rennbahnstr. 20). Du musst aber nicht mit einem Hut in Körpergröße auf der Tribüne sitzen, um daran teilnehmen zu können, die Veranstaltung ist öffentlich zugänglich. Neben dem Stutenrennen gibt es eine Picknick-Wiese und Livemusik wird auch gespielt. www.henkel.de --> Renntag

Wie der Name verrät, verläuft der **Stadtwerke Düsseldorf Kö-Lauf** direkt durchs Herz der Innenstadt. Mit rund 10 km ist dieser traditionelle Stadtlauf im September zwar kleiner aufgestellt als der Marathon – er setzt die Massen aber trotzdem in Bewegung. Fast wie an einem ganz normalen Samstagnachmittag beim Shoppen also ... www.swd-koelauf.de

Besondere lokale Feste

Wenn es draußen dunkel ist und in den Kirchen noch schummrig der Kerzenschein flackert, dann findet die **Nacht der Offenen Kirchen** statt. Wenn die Kirchenglocken der Stadt die Veranstaltung mit heiligem Bimbam gemeinsam einläuten, ist es an einem Abend im März soweit. Von 19.30 bis 0.00 Uhr kannst du in der ruhigen

Atmosphäre der Gotteshäuser in dich kehren, an Andachten teilnehmen und beten. Dazu gibt es auch Musik und Gespräch. www.nachtderkirchen.de

Die japanische Kultur hat eine große Tradition in Düsseldorf. In keiner anderen deutschen Stadt leben so viele Japaner wie hier, wozu nicht zuletzt die wirtschaftlichen Beziehungen beitragen. Das Japanviertel rund um die Immermannstraße ist ein richtiges „Klein-Tokio". Gefeiert wird die japanische Gemeinde am jährlich im Mai stattfindenden **Japan-Tag**.

Rund um den Burgplatz und darüber hinaus finden Veranstaltungen statt. An Informations- und Mitmachständen kannst du der japanischen Kultur begegnen, indem du einen Kimono anprobierst oder dich in der Kunst der Kalligrafie versuchst. Höhepunkt des Tages ist das spektakuläre japanische Feuerwerk, zu dem sich Hunderttausende Menschen am Rheinufer versammeln, um staunend dem Himmelsspektakel zuzuschauen. www.japantag-duesseldorf-nrw.de

Tipp: Für noch mehr Japan nimm doch an einer der Teezeremonien im **EkoHaus** (Brüggener Weg 6), dem japanischen Kulturzentrum, teil. Entspannen kannst du auch im **Japanischen Garten** im Nordpark.

Schon viele Tage vorher lässt sich an den ersten Silhouetten der Fahrgeschäfte erkennen, was sich da auf der Festwiese in Oberkassel an(achter)bahnt: Die größte Kirmes am Rhein, oder auch ganz simpel **Rheinkirmes** genannt.

Ursprünglich ist sie das Schützenfest des St. Sebastianus Schützenvereins Düsseldorf, den es schon seit 1613 gibt. Über vier Millionen Menschen besuchen jährlich in der dritten Juliwoche die viertgrößte Kirmes Deutschlands.

Dabei haben wir zwar nicht das größte Riesenrad, dafür aber die Alpina Bahn, die größte und längste transportable Achterbahn der Welt, zu bieten. Zu ihr gesellen sich etwa eine Wildwasserbahn und zig weitere Fahrgeschäfte, die dich durch die Gegend schleudern.

Solltest du deinen Körper lieber selbst bewegen wollen, begib dich in eines der riesigen Festzelte und schwing die Hüften. Für einen zufriedenen Magen ist mit den volksfesttypischen Fressbuden, Liebesäpfeln und Eis bestens gesorgt.

Besonders schön ist es, wenn du mit der Kirmesfähre von der Altstadt aus auf die andere Rheinseite fährst. Gerade im Dunkeln wird es zum unvergesslichen Erlebnis, den bunten Lichtern entgegenzuschippern.

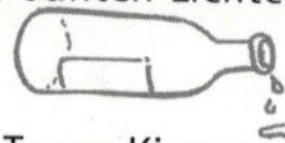

Den grandiosen Abschluss nach zehn Tagen Kirmes macht das enorme **Feuerwerk** über dem Rhein, das du entweder direkt von der Festwiese oder beispielweise von der Rheinknie- oder Oberkasseler Brücke aus mit strahlenden Augen betrachten kannst.
www.rheinkirmes.com

Kunstvoll

Schon von außen betrachtet ist das Gebäude der Kunstakademie im Stil der Neorenaissance ziemlich imposant. Noch eindrücklicher wird's aber hinter der Fassade: Beim jährlichen **Rundgang der Kunstakademie** (Eiskellerstr. 1) ist es möglich, das Innere der Wände zu erforschen. Vielmehr noch das, was da dranhängt.

Am Ende jeden Wintersemesters, im Februar, präsentieren die Studierenden der Akademie an mehreren Daten ihre Werke der Öffentlichkeit. Dabei herrscht immer ein ziemlicher Andrang. Warum das so ist, weißt du erst, wenn du selbst einmal da warst.
www.kunstakademie-duesseldorf.de

Sobald die Nächte wieder kürzer werden, öffnen die Museen und Galerien der Stadt ihre Pforten und laden zur **Düsseldorfer Nacht der Museen**. Nicht nur still und stumm kannst du hierbei Meisterwerke zu später Stunde betrachten, zum Programm gehören auch

viele Führungen und Live-Events. Mit einem Ticket hast du Zutritt zu allen teilnehmenden Ausstellungsorten.

Die Museumsnacht findet immer im Frühjahr statt (April/Mai) und begleitet dich in den neuen Tag hinein: Von 19.00 bis 2.00 Uhr kannst du auf den Pfaden der Künstler wandeln.
www.nacht-der-museen.de/duesseldorf

Wenn du gerne einmal einen Blick in die Ateliers von Künstlerinnen und Künstlern der Stadt werfen möchtest, sind die **Kunstpunkte** im August/September genau das Richtige für dich.

An zwei Wochenenden im Sommer eröffnen sich dir über 250 Orte, an denen du rund 500 Kunstschaffenden bei mehr als Malen nach Zahlen zusehen kannst. Eine Feierlichkeit für die Kreativität.
www.kunstpunkte.de

Die zwei ersten Buchstaben in **DC Open** stehen für „Düsseldorf" und „Cologne". Eine gewagte Kombi, haben's die Düsseldorfer und die Kölner normalerweise ja nicht so miteinander. Doch Kunst verbindet und das sollte man feiern!

An einem Septemberwochenende öffnen um die 70 Galerien beider Städte zeitgleich ihre Räumlichkeiten und präsentieren ihre Ausstellungen. Irgendwie sind wir ja doch mit demselben Rheinwasser gewaschen ...

Der Düsseldorfer liebt die museale Abendgestaltung. Die **JUNGE NACHT** gehört ganz den Studenten der Heine-Universität – und ihren Gästen. In den dunklen Stunden einer Dezembernacht öffnet das Museum Kunstpalast für Studierende der Kunstgeschichte, die den Gästen Führungen, Künstlerperformances und Livemusik darbieten. Auch stehen die Veranstalter gerne ganz persönlich zu Gesprächen über die gezeigten Werke bereit. www.smkp.de

Retematäng
Oscar-Fluch
Radschlag
Dekaden
Retematäng
schiefer Turm
Radschlag
Retematäng
Dekadenz
endlich!
Köln-Rivalität
Dekandenz
Oscar-Fluch
Dekadenz
Junggesellen

Mythen
Mythen
Mythen
Köln-Rivalität
schiefer Turm
Radschlag
Retematäng
Junggesellen
Oscar-Fluch
Vampir
Dekadenz
Köln-Rivalität
schiefer Turm
Dekadenz
Köln-Rivalität
Junggesellen
Oscar-Fluch
Retematäng
Dekadenz

Über eine Stadt wie Düsseldorf wird viel geredet. Besonders in Köln natürlich, und da nicht immer nur Nettes. Aber auch sonst gibt es einiges an Geschichten, Vorurteilen, Mythen und Schwänken, die man mit Düsseldorf verbindet.

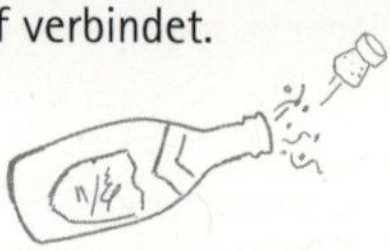

Dekadenz

Wer an Düsseldorf denkt, dem fällt wohl zunächst nur eins ein: dekadenter Luxus! Da ist der reiche Düsseldorfer, der am Samstag mit seiner eleganten Millionärsgattin über die Kö flaniert, bis der Pelzmantel fusselt. Man nennt es auch gerne Zelebrieren des Selbst – ganz wie zu Zeiten, als der Düsseldorfer Hofgarten tatsächlich noch zu einem Hof gehörte.

Im besten Fall haben diese zwei edlen Gestalten der gehobenen Gesellschaft ihre Residenz in Form einer noblen Vorkriegsvilla auf der anderen Rheinseite in Oberkassel – mit bestem Blick auf die Skyline des Imperiums, versteht sich. Vielleicht hat man sich aber sogar ins „Neue Oberkassel" vorgewagt, nach Carlstadt. Ist ja auch viel näher an der Königsallee. Der Nachteil am Epizentrum des Luxus, eben der Kö, ist nämlich der Parkplatzmangel. Aber wenn man schon nicht repräsentativ im Lamborghini vorfahren kann, muss eben die Designertasche der Gattin als Aushängeschild dienen – inklusive Hündchen als Galionsfigur.

Nun wirkt dieses exklusive Image aber nicht auf jeden zwangsläufig sympathisch. Das dachte sich auch die Stadt und hat mit ihrer

sieht dann so aus: :D

jüngsten Imagekampagne ein neues Stadtlogo eingeführt: das lachende D. Es funktioniert, denn zum Lachen regt es so oder so an. Aber die Botschaft dahinter lautet: „Eigentlich sind wir gar nicht so. Wir können auch nett. Wir lächeln sogar! Jedenfalls versuchen wir es – trotz Botox."

Feiern wir also das Dasein in dieser Stadt und stoßen darauf an. Aber mit Champagner, bitteschön!

Köln!

Ja, die verbotene Stadt mit „K" liegt auch am Rhein, hat 'nen Dom und ansonsten all das nicht, was Düsseldorf zu bieten hat.

Es geht schon beim Karneval los. „Alaaf!" Was ist das denn bitte?! Das heißt „Helau!" Und nicht ohne Grund ist Köln seit Jahren neidisch auf die Mottowagen beim Düsseldorfer Rosenmontagszug! Plastikenbauer Jacques Tilly entwirft die großartigsten und bissigsten Wagen der Welt – die übrigens weit über die Düsseldorfer Grenzen hinaus bekannt sind. Und das letzte, was Tilly tun würde, ist, einen Wagen für Köln zu bauen. Da könnt ihr noch so betteln.

Auch wenn Düsseldorf mit dem „ü" im Namen international bisweilen zu „Dusseldorf" verunglimpft wird, wir haben das wichtigste Dreh- und Angelkreuz NRWs in, aus und um die Welt: den Düsseldorf Airport. Außerdem sind in kaum einer anderen deutschen Stadt annähernd so viele ausländische Unternehmen ansässig, wie in

Düsseldorf. Und in welcher Stadt haben noch mal die ganzen Modelabels ihre Showrooms? Kleiner Tipp: Köln ist es nicht.

Wenn man es in Düsseldorf wagt, ein Kölsch zu bestellen, bekommt man im besten Falle – und das nicht ohne Grund – ein Glas Wasser kredenzt. Brause ist das, aber doch kein Bier!

Na gut, irgendwas muss Köln ja haben, immerhin wohnen da mehr als eine Million Menschen. Nordrhein-westfälische Landeshauptstadt ist trotzdem Düsseldorf! UND ... ach, genug gewettert. Von zu viel Ärger kriegt man sowieso Falten.

Vielleicht sollten wir zum Abschluss doch wieder lieb sein (Nicht, dass die uns noch den Rhein abgraben...). Immerhin sind wir doch im Herzen beide rheinische Frohnaturen und auch die Stadtfarben Rot und Weiß tragen wir beide mit Stolz. Das heißt jetzt aber nicht, dass wir sie teilen! Uns stehen die sowieso viel besser! Und ...

Der schiefe Turm von Düsseldorf

Er ist ein markantes Gebäude, das ganz besonders aus der Düsseldorfer Skyline heraussticht: Der Kirchturm von Sankt Lambertus. Eine Kirche wie diese, geweiht dem Stadtpatron Sankt Lambert von Lüttich, ist nichts wirklich Unübliches. Auch sind Kirchtürme das nicht und beinahe jedes Dorf hat mindestens einen. Nun ist die Besonderheit an diesem Exemplar jedoch seine Haltung, die ist nämlich schief. Schlimmer gar, sie ist verdreht!

Die Legende besagt, dass es einst der Teufel war, der voller Zorn die Kirche packen und sich zu eigen machen wollte. Bei diesem Versuch hat er ihren Kirchturm verdreht.

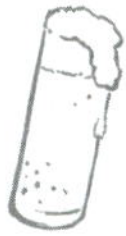

Eine andere, weitaus plausiblere Erklärung ist übrigens, dass der Teufel Strafvollzug begehen wollte – nämlich gegenüber einem Düsseldorfer, der sich geweigert hatte, ein Kölsch zu trinken. Standhaft war das!

Tatsächlich war aber wohl nicht der Teufel, sondern das Holz, aus dem er gebaut wurde, der Übeltäter. Nach einem Brand im Jahre 1815 wurde der Kirchturm wieder aufgebaut. Verwendet wurde dafür allzu frisches Holz, das noch nicht ganz trocken war. Da Holz ja bekanntlich arbeitet und das frische Material offensichtlich besonders motiviert war, kam es also zur semi-eleganten Drehung.

Während des Zweiten Weltkrieges wurde der Kirchturm von St. Lambertus schwer beschädigt. Ein weiteres Mal wurde der Turm neu errichtet – und tatsächlich war das Drängen der Bevölkerung so groß, dass der Turm erneut schief gebaut wurde. Konsequent Haltung gewahrt!

Der Vampir von Düsseldorf

Wir befinden uns im Düsseldorf der ausgehenden 20er und beginnenden 30er Jahre. Eine grausame Kriminalserie erschüttert die Stadt: Ein Mörder geht um und meist sind die Opfer Frauen. Erst vergeht er sich an ihnen, dann ermordet er sie brutal – in einigen Fällen trinkt er sogar ihr Blut. Die Polizei tappt über ein Jahr lang im Dunkeln. Das mediale Interesse ist riesig und das ganze Rheinland lebt in Angst.

Was bis hierhin nach dem Klappentext eines Krimis klingt, ist tatsächlich eine wahre Begebenheit: Der grausame Massenmörder

Peter Kürten sollte als „Vampir von Düsseldorf" in die düsteren Kapitel der Stadtgeschichte eingehen. Obwohl Kürten selbst der Polizei Hinweise zukommen lies, konnte er lange Zeit nicht überführt werden. Seiner eigenen Ehefrau hat er schließlich alles offenbart. Sie war es auch, die den Ermittlern am Ende den entscheidenden Hinweis zu seiner Ergreifung gegeben hat.

Überraschender- und zugleich erschreckenderweise legte er bereitwillig ein Geständnis ab. Mehrere Male wurde er zum Tode verurteilt und schließlich im Juli 1931 durch das Fallbeil hingerichtet.

Der Oscar-Fluch

Ehre, wem Ehre gebührt: Die einzige deutsche Schauspielerin, die je einen Oscar als beste weibliche Hauptdarstellerin gewonnen hat, kommt aus Düsseldorf!

Am 12. Januar 1910 wurde Luise Rainer in Düsseldorf geboren. Sogar zweimal hintereinander wurde sie mit dem Acadamy Award in dieser Kategorie geehrt. Im Jahr 1936 gab's eine Auszeichnung für die Rolle als „Anna Held" im Film „Der große Ziegfeld", im Jahr 1937 dann erneut für ihre Darstellung einer Bäuerin in „Die gute Erde".

Doch 1938, nach einer Auseinandersetzung mit ihrer Produktionsfirma MGM, endete ihre glänzende Hollywoodkarriere genauso plötzlich, wie sie begonnen hatte.

Dieses jähe Ende wird bisweilen gerne auf den „Oscar-Fluch“ zurückgeführt und sogar Luise Rainer selbst sagt, ihr hätte nichts Schlimmeres passieren können, als den Oscar zu gewinnen. Naja, immerhin leuchtet noch heute ihr Stern auf dem Walk of Fame in Hollywood – ein kleiner Trost.

Retematäng

Die Ratinger Straße in der Altstadt ist eine der schönsten Alternativen zur Bolkerstraße und wird für gewöhnlich von unzähligen Partywütigen heimgesucht.

Der Einfachheit halber wird sie von vielen schlicht „Ratinger“ genannt. Im Düsseldorfer Platt jedoch trägt die Straße traditionell den Namen „Retematäng“. Schenkt man dem Mundartkünstler Jupp Schäfers Glauben, dann ereignete sich diese Benennung so: Napoleon zog im November 1811 zu Pferde in Düsseldorf ein. Großer – oder auch nicht so großer – Besuch für die Stadt!

Sein frühmorgendlicher Weg führte ihn dabei eben auch über die Ratinger Straße. Zu seinem Erstaunen sollte er feststellen, dass zahlreiche Lokale zu dieser Uhrzeit immer noch geöffnet hatten. Überrascht soll er daraufhin „Rue de Matin“, also „Straße des Morgens“, von seinem Ross gerufen haben. Die Düsseldorfer machten daraus schnurstracks „Retematäng“.

Ratschlag zum Radschlag

Solltest dir in der Stadt mal Rad schlagende Kinder entgegenkommen, brauchst du dich nicht großartig zu wundern. Das Radschlagen hat in Düsseldorf nämlich eine lange Tradition! Begonnen hat das alles wohl bereits 1288. Als Düsseldorf mit dem Ende der Schlacht von Worringen die Stadtrechte erhielt, haben sich darüber

ganz besonders die damaligen Kinder gefreut – und vor Freude Räder geschlagen. Klar, was sonst!

Zu Ehren dieser Angelegenheit findet auch heute noch jährlich das Radschlägerturnier statt, bei dem hunderte Kinder genau dieser Beschäftigung nachgehen. Aber auch der Rest der Stadt findet diese alternative Form der Fortbewegung super.

So gibt es einen entsprechend gestalteten Gullydeckel, Anstecker und eine große Skulptur in Form dieser sportlichen Silhouette vor der Uerige Hausbrauerei. Besonders ansehnlich ist auch der Radschlägerbrunnen auf dem Burgplatz. Letztendlich fasst dessen Inschrift den Brauch noch einmal zusammen: „Radschläger wolle mer blieve, wie jeck et de Minsche och drieve."

Die ewigen Junggesellen

Es war einmal ein magischer Ort, an dem Bauchladen und plakativ bedrucktes T-Shirt nicht schon am Einlass scheiterten: die Düsseldorfer Altstadt. Dieser sagenumwobene Ort war weit über seine Grenzen hinaus bekannt. Mystische Dinge sollten hier geschehen, die keiner so recht verstand. Eines dieser Dinge war der Junggesellenabschied.

Also machten sich Prinzessinnen mit Krönchen und Ritter mit Fahne von überall her auf, um das Wunder dieses Ortes zu erleben. Unzählige Liebende zogen hier ein letztes Mal in ihrem Leben ungebunden in die Nacht, bevor sie mit der

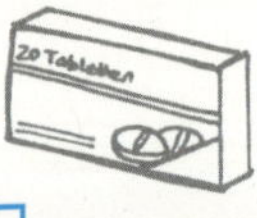

Ehe geloben würden, für immer der oder die Einzige für den anderen zu sein.

Getrieben vom Wunsch nach der letzten großen Freiheit zogen an verwunschenen Samstagabenden sage und schreibe bis zu 20 solcher Helden mit Gefolge über die fantastische Bolkerstraße, um ihr Junggesellendasein zu verabschieden. Sie waren tapfer und widersetzten sich allem nur möglichen Unmut, war ihr Innerstes doch noch mit viel mehr als bloß dem Zauber der Liebe getränkt! So geht die Legende. Und wenn sie nicht geschieden sind, dann lieben sie sich noch heute ...

Sprengkraft
Teufelshaken
Verbotene Liebe
Das rote U
Das rote U
Verbotene Liebe
Sprengkraft
Palermo Shooting
Teufelshaken
Das rote U
ardcover
Die Katze

fiktiv
Düsseldorf
fiktiv
fiktiv
fiktiv
Teufelshaken
Altbier-Songs
Das rote U
Palermo Shooting
Katze
Altb
Altbier-Songs
Sprengkraft

Wenn sich mal wieder ein fieser November-Regentag an den nächsten reiht, es einfach Zeit wird für einen gemütlichen Abend zu Hause auf der Couch oder eine kleine Flucht aus dem Düsseldorfer Alltag, dann ist das genau der richtige Zeitpunkt, sich ins fiktive Düsseldorf zu stürzen. Das wartet zwischen zwei Buchdeckeln, auf der Leinwand oder im Fernseher. Hier also die besten Tipps zum Schmökern und Glotzen. Und ein paar Musiktipps fürs Kopfkino.

Zwischen zwei Buchdeckeln

Wusstest du, dass Heinrich Spoerl 1905 sein Abitur an jener Oberrealschule in Bilk machte, die als Vorbild für die berühmte Feuerzangenbowle diente? Oder dass Martin Walser sein Gesellschaftsporträt „Der Lebenslauf der Liebe" hier ansiedelt? Für das nächste Quiz schenken wir dir einen Joker: Günter Grass hat an der Kunstakademie studiert und ließ einige Erlebnisse in „Die Blechtrommel" einfließen. So spielte seine Jazzband z.B. oft in einer Altstadtkneipe, die er im Roman als „Zwiebelkeller" verewigt.

Berühmtester Sohn der Stadt ist aber – sorry Günter! – immer noch Heinrich Heine, geboren in der Bolkerstraße. Heute befindet sich an diesem Ort die exzellente Buchhandlung **Müller & Böhm** (Bolkerstr. 53), die ausgewählte Autoren zu Wort kommen lässt und natürlich auch Werke führt, die Heimatgefühle wecken:

© Emons

Martin Conrath: Schuldig (Emons)
Dieser Ermittler hat seinen eigenen Stil, radelt locker durch die City und mag guten Kaffee: Den Saarländer Martin Bremer hat die Liebe an den Rhein gezogen. Als ein einzelner Raubmord zum Skandal wird, müssen die alten Kollegen helfen, da der Düsseldorfer Filz undurchdringlich ist.

Horst Eckert: Sprengkraft (Grafit)
Bahnhofsviertel – Drogenumschlagsplatz. Der Thriller spielt an verschiedenen Schauplätzen und packt brisante Themen an: religiösen Fanatismus, rechte Gesinnung und Migrationspolitik. Fiktiv und doch so real. Die unterschiedlichen Handlungsstränge fesseln.

Krimi-Cops: Teufelshaken (KBV)
Schrullig und mitten aus dem Polizeialltag – sechs Beamte der Polizeiinspektion Ost schreiben unter dem Pseudonym „Krimi-Cops". Ihr Held Struller erfüllt alle Klischees: Er trinkt Altbier, isst dazu schmierige Frikadellen und reagiert oft unwirsch. Dass er mit dem hochmotivierten Praktikanten Jensen den Tod des dienstältesten Köbes im Brauhauskeller aufklären muss, es dazu noch mit einem Toten im Mönchsgewand und einer Wasserleiche zu tun bekommt, hebt seine Laune nicht wirklich.

© KBV

Gina Mayer: Das Maikäfermädchen (Rütten & Loening)
Gestohlene Kartoffeln kochen auf gestohlenen Kohlen im Düsseldorfer Sommer 1945. Die Hebamme Käthe schlägt sich hungrig durch die Ruinen, als sie ein zartes Mädchen anspricht und um eine Abtreibung bittet. Im Tausch gegen einen Pelzmantel. Käthe entscheidet sich, ihr trotz der Gefahr zu helfen. Das verändert ihr Leben, denn immer mehr verzweifelte Frauen brauchen ihre Unterstützung.

© Rütten & Loening

Herbert Genzmer: Gerechtigkeit für João Pereira (Mitteldeutscher Verlag)
Beck, ein mäßig erfolgreicher Düsseldorfer Schriftsteller, wäre gern so wie sein Held João, der sein Umfeld mit erzeugten Tönen manipulieren kann. Alles wird ganz plötzlich anders, als Beck unerwartet seinem Verleger begegnet und sich Wirklichkeit und Fantasie zu vermischen scheinen.

© Edition winterwork

Sharlene Anders: Kopf. Offen (Edition Winterwork)
Was ist der Sinn von Liebe, wenn man ohne sie leben kann? Das fragt Sharlene Anders in ihrem Roman, der im Sommer 2005 am Campus der Heine-Uni spielt. Ihre eigenwillige Heldin Jasmin verliebt sich in einen Kommilitonen im fiktiven Studiengang „Mythologie". Sie schreibt einen Roman und benutzt dafür alles, was in ihrem Leben passiert.

© Suhrkamp

Thomas Meinecke: Lookalikes (Suhrkamp)
Kö – zwei Buchstaben für den Laufsteg der Schickeria. Wer beim Starbucks-Kaffee das Flanieren der Töchter und Söhne beobachtet, weiß, was die Prachtmeile ausmacht. Abscheu mischt sich mit Faszination. Ähnlich scheint es dem Schriftsteller und DJ Thomas Meinecke zu gehen, der in seinem Roman diese Möchtegerns seziert. Leute, die so aussehen und sein wollen wie Shakira, Marlon Brando oder Justin Timberlake.

© dtv

Wilhelm Matthießen: Das rote U (Deutscher Taschenbuch Verlag)
Diese Detektivgeschichte von 1932 wurde zum Kinderbuchklassiker, wenngleich der Autor wegen seiner Haltung während des Nationalsozialismus umstritten ist. Fünf Kinder stromern durch die Hafenstraße, hecken kleine Streiche aus. Jemand kommt ihnen auf die Schliche und erteilt fortan ungewöhnliche Aufträge: auf kleinen Zetteln, unterschrieben vom geheimnisvollen „Roten U". Wer steckt dahinter? Sie finden es heraus und bestehen dabei dicke Abenteuer.

Nichts für dich dabei? Alles ausgelesen?

Dann schau doch mal in Düsseldorfs **öffentliches Bücherregal**! Gleich neben dem Café des KIT (Kunst im Tunnel) an der Rheinpromenade steht ein öffentlicher Bücherschrank. In den darf jeder was reinstellen. Oder einen Schmöker rausnehmen, um es sich auf der Wiese nebenan gemütlich zu machen. Zum Beispiel einen Krimi, von denen viele in Düsseldorf spielen. Wer nicht selbst lesen möchte, steigt in die historische Krimistraßenbahn: Emons-Verlag und Rheinbahn laden regelmäßig regionale Autoren zu dieser außergewöhnlichen Lesung ein.

Kamera läuft

So eine facettenreiche Stadt wie Düsseldorf ist natürlich auch ein sehr geeigneter Drehort für die verschiedensten Filme und Serien. Die Liste der hier gedrehten Highlights ist lang und so mancher ist wahrscheinlich überrascht, wenn er realisiert, dass seine Lieblings-Vorabend-Serie tatsächlich auch in Düsseldorfs Kulissen spielt.

Düsseldorf in Serie

Herzschmerz, Nervenkitzel und Abgehobenes: Auch die Mutter aller deutschen Seifenopern, **Verbotene Liebe** (UFA Serial Drama/ARD), prall gefüllt mit Intrigen und unerfüllten Sehnsüchten, kommt aus Düsseldorf. Mit Herz-Schmerz-Angelegenheiten der verschiedensten Art plagen sich die Adelsfamilien der hiesigen High Society herum. Seit sich vor fast zwei Jahrzehnten Jan und Julia ineinander verliebt haben, wird montags bis freitags ab 18.00 Uhr heftig geliebt und gelitten – aber nur noch bis 2015, dann ist Schluss!

Auch **Kommissar Stolberg** (Network Movie), dargestellt von Rudolf Kowalski, löst seine Fälle in der Landeshauptstadt. Viele Szenen wurden in der Altstadt abgedreht. Es handelt sich beim Hüter des Gesetzes um einen Polizisten alter Schule, der aber auch moderne Ermittlungsmethoden nutzt, um den Tätern auf die Spur zu kommen.

Und für eine Serie mit den Namen **Abenteuer Airport** (Novafilm Fernsehproduktion/WDR) bietet sich Düsseldorf nun wirklich an. Hansjörg Felmy spielte hier Anfang der 90er Jahre die Hauptrolle. Er muss sich mit dramatischen Vorgängen wie Flugzeugentführungen, Notlandungen und Geiselnahmen herumschlagen.

Auch **Drehkreuz Airport** aus dem Jahr 2001 (Edel Germany GmbH) kommt aus Düsseldorf. Pilot Christian Manthey wird im Ausland von Rebellen angeschossen und kann seinen Beruf nicht mehr ausüben. Stattdessen wird er zum Verkehrsleiter des Flughafens und kümmert sich zusammen mit dem technischen Leiter Michael Schütte darum, dass der Betrieb reibungslos funktioniert. Wären da nur nicht diese unzähligen und tückischen Herausforderungen: Flugzeugentführungen, Einfuhr giftiger Spinnen, Quarantäne-Fälle, Konkurrenz mit dem Kollegen um eine Frau ... Da kommt einiges zusammen!

Noch ziemlich frisch in der Reihe der Samstagabend-Krimis ist **Helen Dorn** (Network Movie), in der Anna Loos eine junge Kommissarin spielt. Helen Dorn ist gradlinig, kontrolliert, beharrlich und auch mal zu Widerspruch bereit. Als LKA-Beamte ermittelt sie nicht nur in Düsseldorf, sondern auch mal in anderen Städten NRWs oder im ländlichen Milieu. Immer mit dabei: Kriminalhauptkommissar Gregor Georgi, der erst unliebsamer Zwangskollege ist, dann aber immer mehr zum Partner avanciert.

Düsseldorf filmreif

Geliebte Clara (Integral Film)
„Das kann aber kein Dauerzustand werden, dass wir uns einer Frau unterwerfen", motzt ein Musiker die Pianistin Clara Schumann an, als sie für ihren kränkelnden Mann einspringt und sein Orchester dirigiert. Martina Gedeck spielt eine mutige Frau zwischen zwei Männern: Robert Schumann und Johannes Brahms. Das dramatische Dreiecksverhältnis spielt Mitte des 19. Jahrhunderts.

Palermo Shooting (Neue Road Movies)
Schlafen ist für ihn verlorene Zeit – der erfolgreiche Fotograf Finn streift zappelig durch die Nacht und prallt beinahe mit einem Geisterfahrer zusammen. Das heizt seine Grübeleien über die Vergänglichkeit an. Regisseur Wim Wenders konnte für die Hauptrolle Campino gewinnen und versammelt weitere illustre Gestalten: Dennis Hopper spielt Gevatter Tod und Milla Jovovich ein hochschwangeres Model. Eine filmgewordene Midlife-Crisis, bildgewaltig und mit berauschender Musik.

Hardcover (Little Shark Entertainment)
Einen richtigen Bestseller! Den will Christoph, der Protagonist in dieser Komödie unbedingt schreiben, mehr als Groschenromane gelingen ihm jedoch nicht. Er jobbt bei einer Autovermietung und erlebt, wie der Aufschneider Dominik einfach mit einem 7er BMW abhaut. Um an Insiderinfos aus der kriminellen Szene und somit den Stoff für sein Buch zu kommen, deckt Christoph den Dieb. Dominik nimmt ihn mit in die unberechenbare Unterwelt und das unausweichliche Chaos nimmt seinen Lauf.

Beautiful Bitch (Riva)
Die 15-jährige Bica lebt in den Straßen von Bukarest. Sie hofft auf ein besseres Leben in Düsseldorf, gerät dort aber mit ihrem kleinen Bruder in einen organisierten Taschendiebring. Als sie die verwöhnte Milka trifft und skeptisch deren sorgloses Leben beäugt, erkennt sie, wie ein Teenagerleben wirklich aussehen kann: abzuhängen und Spaß zu haben. Aus Feindschaft wird Freundschaft – Komplikationen gibt es natürlich trotzdem!

Die Katze (Bavaria Film)
Ein hochgelobter Gangster-Thriller aus den 1980ern von Dominik Graf, der im Deutsch-Japanischen Center spielt. Im Hotel Nikko observiert Schwerverbrecher Probek (Götz George) die gegenüberliegende Bank, denn er hat einen spektakulären Überfall geplant. Dabei geht es um Millionen: Seine beiden Komplizen sollen Geiseln nehmen und Lösegeld erpressen. Doch die Sache läuft gewaltig aus dem Ruder.

Auf die Ohren

Die Wiege von **Kraftwerk** hat erheblich mehr zu bieten als Karneval- und Fußballsongs. In der Künstlerkneipe Ratinger Hof erblühte der deutsche Punk. „Mit 18" rannte **Marius Müller-Westernhagen** in Düsseldorf rum, „war Sänger in ner Rock and Roll Band". Er ist hier geboren und wollte „singen, nicht schön, sondern geil und laut". Apropos Ohrwürmer: 1968 gewann **Dorthe Kollo** mit dem Evergreen „Wärst du doch in Düsseldorf geblieben" eine Goldene Schallplatte.

„Wo bleibt unser Altbier..." ist sicher ein Satz, den der Düsseldorfer Köbes nicht mehr hören kann. Ursprünglich war das „Altbier-Lied" ein Karnevalskracher von **Hans Ludwig Lonsdorfer**. 1986 coverten die **Toten Hosen** diesen Schlager und werden seitdem mit „der längsten Theke der Welt" in Verbindung gebracht.

Um Flüssiges geht es sowieso ziemlich oft. „Caramba, Caracho, ein Whisky", schmetterte **Heino** schon 1970. Der gebürtige Oberbilker tat sich mit der Altbierbrauerei im Füchschen zusammen und bastelte die Version „Caramba, Caracho, ein Altbier". Die freche Brauerei designte im Gegenzug ein 5-Liter-Heino-Partyfass.

Eher kultigen Kräuterlikör trinken der japanisch-stämmige Rapper **Blumio** und sein Kumpel **JayJay** in ihrem „Killepitsch"-Song, wenn sie in der Altstadt „leckere Mädchen" treffen.

Auch andere Rap- und Hip-Hop-Hymnen preisen die Rheinmetropole – mitunter mit gemischten Gefühlen. „Ich liebe meine Stadt, nein, ich hasse meine Stadt", sagt **NMZS** (sprich Nemesis), der leider schon früh starb, in seinem kritischen Düsseldorf-Rap.

In fünf Vierteln drehte **Jonny Beretta** sein Video „D-Town Düsseldorf", denn er findet, dass hier „viel mehr geht, als einige denken".

Plattenladen!
Ausgerechnet Heino fehlt dir noch in der Plattensammlung? Auch für Vinyl-Hungrige mit ausgefallenem Geschmack gibt es in Düsseldorf ausreichend Futter, z.B. bei **Hitsville Recordstore** (Wallstr. 21) in der Altstadt.

Wing

danze

Wing

Köbes

Schlabberjux

Herws

Bakkes

Zappes

Sprachregeln

und nützliche

Vokabeln

Wing

Wing Zappes

drenke Jode Dach!

§

danze

Köbes §

ng

§ §

Bakkes

§

Wing Herws

§

Zappes

Herws

Schlabberjux

Allgemeines

Als internationale Stadt muss sich Düsseldorf natürlich auch sprachlich vielseitig zeigen: Englisch, Japanisch oder Französisch sind nur einige der Sprachen, mit denen du hier im Alltag weiterkommst. Darüber hinaus wäre da noch die hiesige Mundart: das Düsseldorfer Platt. Das ist besonders gut geeignet, wenn du z.B. in der Altstadt unterwegs bist und beim Ordern deines Alts auf den Köbes triffst. Keine Sorge, wer das sein soll, erfährst du in diesem Kapitel.

Aber dann gibt es auch noch das so genannte Rheinische Deutsch. Hierbei handelt es sich um einen Regiolekt, der in weiten Teilen des Rheinlandes genutzt wird (ja, auch in Köln ...). Das Platt hingegen wird hauptsächlich im direkten Stadtgebiet Düsseldorfs gesprochen – also nicht verwechseln. Und schon gar nicht mit Kölsch! Ausrufezeichen!

Aber was ist jetzt dieses Düsseldorfer Platt und wie funktioniert es? An dieser Stelle zunächst einmal ein kleiner Ausflug in die germanistische Sprachwissenschaft: Das Düsseldorfer Platt zählt zum Südniederfränkischen. Und das grenzt sich durch die sogenannte Benrather Linie vom Mittelfränkischen ab, zu dem z.B. auch Kölsch gehört. Während man in Köln für „machen" „maache" sagt, heißt es in Düsseldorf noch „maake".

Im Alltag wird das Düsseldorfer Platt nur noch selten und wenn, dann zumeist nur von den älteren Generationen verwendet. Trotzdem gehört es als solches schlicht und einfach zur Kultur der Stadt und du wirst ihm – wie schon angekündigt – sicherlich mal in der Altstadt beim Altbiertrinken begegnen. Und natürlich zweifelsohne im Karneval! Damit's im Falle eines Falles mit der Kommunikation klappt, gibt's hier die wichtigsten Regeln.

Sprachregeln

§ 1 Artikel

Um das grammatikalische Geschlecht eines Substantivs zu benennen, stehen dir im Düsseldorfer Platt folgende Artikel zur Auswahl: Im Singular wird „der“ zu „dr“, „die“ wird zu „de“ und „das“ wird zu „et“. Im Plural wird „die“ zu „de“. Wir hätten also „dr Fummelöres“ für einen Mann mit Hang zum Fummeln, „de Hötschesmadamm“ für eine Frau mit Hut-Tick und „et Ömtreckkabüffke“ für die Umkleidekabine.

§ 2 Personalpronomen

Von wem überhaupt in deiner Rede die Rede ist, machst du üblicherweise durch persönliche Fürwörter, äh, Verzeihung, persönleche Förwöhder, deutlich. Das ist im Düsseldorfer Platt natürlich genauso. Naja, nur fast genauso: Während es im Standarddeutschen „ich“, „du“, „er, sie, es“, „wir“, „ihr“, „sie“ sind, heißt es im Düsseldorfer Platt „ech“, „do“, „hä, se, et“, „mer“, „ehr“, „se“. Im Idealfall sagst du dann also: „Ech sprech Düsseldorwer Platt.“ Na also!

§ 3 Suffixe von Adjektiven

Auch die Endungen von Adjektiven sind in der Mundart abgeändert. So werden Adjektive mit dem Suffix „-ich“ zu „-ech“, z.B. „zosätzlech“ statt „zusätzlich“.

Adjektive mit dem Suffix „-ig“ werden zu „-ich“, z.B. „rechtich“ statt „richtig“; und bei Erweiterungen wird das „-ich“ noch mal zu „-ije“, also z.B. „rechtije“ statt „richtige“.

Adjektive mit dem Suffix „-isch“ werden zu „-esch“, z.B. heißt es „jrammatekalesch“ statt „grammatikalisch“.

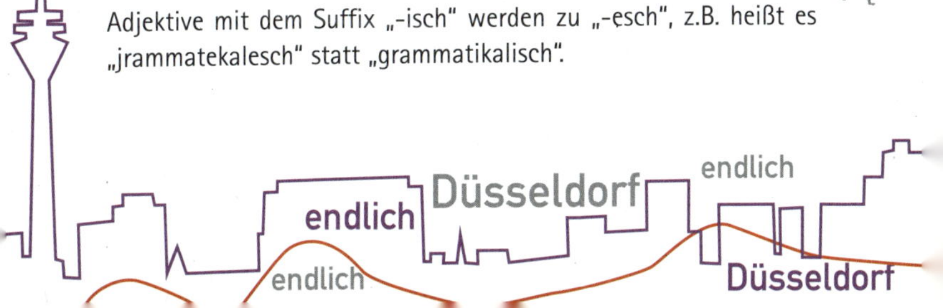

§ 4 Das „g" - oder auch „nicht-g"

Das Düsseldorfer Platt hat es nicht so mit dem „g". Steht es am Wortanfang, wird es für gewöhnlich als „j" gesprochen, z.B. „janz" statt „ganz", „jehen" statt „gehen" und „Jrond" statt „Grund". Am Wortende wird das „g" zu „ch". So wird z.B. aus „sorgt" „sorcht" und der „Erfolg" wird zum „Erfolch". Janz jroßes Kinno!

§ 5 Verniedlichungen

Auch im Düsseldorfer Platt wird gerne verniedlicht. So machen selbst die ruppigen Köbesse im Uerige aus ihrem Alt „dat leckere Dröppke".

Aus den Verniedlichungen „-chen" und „-lein" werden in der Mundart „-che" und „-ke", z.B. „Bäckche" statt „Bäckchen" und „Röske" statt „Röslein". Sehr selten wird das „-lein" übernommen, so wird beispielsweise „Fräulein" einfach zu „Frollein".

Wie du vielleicht feststellst, ist das mit dem Düsseldorfer Platt gar nicht mal so einfach – zumindest auf Anhieb. Aber keine Sorge, die nachfolgende Liste fix und fertiger Vokabeln hingegen brauchst du einfach nur auswendig lernen. Und du erfährst auch endlich, was es mit dem „Köbes" auf sich hat.

Kriegst du einfach nicht genug vom Düsseldorfer Platt? Dann schau doch mal hier vorbei:
www.mundart-duesseldorf.de

Vokabeln für den Alltag →

Vokabeln für den Alltag

Op widdersenn!	Auf wiedersehen!
Bakkes	Bäcker
Bierjahde	Biergarten
Boch	Buch
Dank dech!	Danke!
danze	tanzen
drenke	trinken
Düsseldörper	Düsseldorfer
Düsseldörpsche	Düsseldorferin
esse	essen
fiere	feiern
Fröhleng	Frühling
Hallowach	Kaffee, kräftig
Herws	Herbst
Jo	Ja
Jode Dach!	Guten Tag!
Kinno	Kino

Klamotte	Klamotten
köbes (sg.)/köbbes (pl.)	kellner (sg./pl.)
köbine	kellnerin
kons	kunst
Museom	Museum
nee/enä	nein
Radschlare	Radschlagen
Rhing	Rhein
Schlabberjux	kaffee, schwach
schlofe	schlafen
Thiater	Theater
wässerke	wasser
weckmann	Stutenkerl; kleiner Mann
	aus süßem Hefeteig
weihnahde	weihnachten
wing	wein
wenter	winter
Zappes	Zapfkellner

Deine Düsseldorf-Notizen

Der Verlag bedankt sich bei allen Institutionen und Firmen, die uns Informationen und Fotos zur Verfügung gestellt haben. Die entsprechenden Rechte verbleiben bei den jeweiligen Rechteinhabern.